J. M. Coetzee

Die jungen Jahre

Aus dem Englischen von
Reinhild Böhnke

S. Fischer

2. Auflage September 2002
Die englische Originalausgabe erschien 2002
unter dem Titel *Youth* bei Secker & Warburg, London

Satz: Pinkuin Satz und Datentechnik, Berlin
Druck und Bindung: Clausen & Bosse, Leck
Printed in Germany
ISBN 3-10-010819-1

Wer den Dichter will verstehen
Muss in Dichters Lande gehen.

Goethe

Eins

Er hat eine Einzimmerwohnung nicht weit vom Mowbray-Bahnhof und zahlt dafür elf Pfund im Monat. Am letzten Werktag im Monat fährt er mit dem Zug in die Stadt, in die Loop Street, wo sich das winzige Büro mit dem Messingschild *A. & B. Levy, Immobilienverwaltung* befindet. Mr. B. Levy, dem jüngeren der Brüder Levy, händigt er den Umschlag mit der Miete aus. Mr. Levy schüttet das Geld auf seinen unaufgeräumten Schreibtisch und zählt es. Schwitzend und grunzend schreibt er eine Quittung aus. »Voilà, junger Mann!«, sagt er und überreicht sie ihm mit kühnem Schwung.

Er achtet peinlich darauf, dass er pünktlich ist mit der Miete, weil er die Wohnung unter Vorspiegelung falscher Tatsachen bekommen hat. Als er den Vertrag unterschrieb und die Kaution an A. & B. Levy zahlte, hat er als Beruf nicht »Student«, sondern »Bibliotheksmitarbeiter« angegeben, und dazu die Universitätsbibliothek als Arbeitsstelle.

Das ist nicht gelogen, nicht direkt. Von montags bis freitags arbeitet er in den Abendstunden als Lesesaalaufsicht. Diese Aufgabe übernehmen die fest angestellten

Bibliothekare – die meisten von ihnen sind Frauen – lieber nicht, weil das Campusgelände oben am Berg spätabends zu düster und einsam ist. Sogar ihm läuft es kalt den Rücken herunter, wenn er die Hintertür aufschließt und sich im pechschwarzen Korridor zum Hauptschalter vortastet. Es wäre kinderleicht für einen Bösewicht, sich im Magazin zu verstecken, wenn die Mitarbeiter um fünf nach Hause gehen, dann die leeren Büros zu durchwühlen und ihm, der abendlichen Aufsicht, im Dunkeln aufzulauern, um ihm die Schlüssel abzunehmen.

Nur wenige Studenten nutzen die Abendstunden; nur wenige wissen überhaupt von dieser Möglichkeit. Er hat nicht viel zu tun. Die zehn Shilling, die er pro Abend dafür bekommt, sind leicht verdient.

Manchmal stellt er sich vor, wie ein schönes, weiß gekleidetes Mädchen in den Lesesaal geschlendert kommt und nach Bibliotheksschluss geistesabwesend herumsitzt; er stellt sich vor, wie er ihr die Geheimnisse der Buchbinderei und des Katalogsaales zeigt, um dann mit ihr in die sternklare Nacht hinauszutreten. Es geschieht nie.

Die Arbeit in der Bibliothek ist nicht sein einziger Job. Mittwochnachmittags arbeitet er in der Mathematischen Fakultät als Hilfsassistent mit Studenten des ersten Studienjahres (drei Pfund pro Woche); freitags leitet er Diplomstudenten der Schauspielkunst durch ausgewählte Shakespeare-Komödien (zwei Pfund zehn Shilling); und am späten Nachmittag beschäftigt ihn eine Nachhilfeschule in Rondebosch damit, Deppen auf das Abitur vorzubereiten (drei Shilling pro Stunde). In den Semesterferien arbeitet er für die Stadtverwaltung (Abteilung Sozialwohnungen) und stellt Statistiken nach Haushaltsdaten zusammen. Wenn er alles zusammenrechnet, kommt er gut hin – gut genug, um die Miete und die Studiengebühren zu bezahlen, sich leidlich zu ernähren und sogar noch ein wenig zu sparen. Auch wenn er erst neunzehn ist, so steht er doch auf eigenen Füßen und ist von niemandem abhängig.

Mit den Bedürfnissen des Körpers geht er ganz praktisch um. Immer sonntags kocht er aus Markknochen, Bohnen und Sellerie einen großen Topf Suppe, der dann für die ganze Woche reicht. Freitags geht er auf den Salt-River-Markt, um eine Kiste Äpfel oder Guaven, oder was sonst die Jahreszeit an Obst zu bieten hat, zu erstehen. Jeden Morgen stellt ihm der Milchmann einen halben Liter Milch vor die Tür. Wenn etwas Milch übrig geblieben ist, füllt er sie in einen alten Nylonstrumpf, hängt ihn über den Ausguss und macht Käse daraus. Im Übrigen kauft er im Laden an der Ecke Brot. Das ist eine Diät, mit der Rousseau einverstanden wäre, oder Plato. Und was die Kleidung angeht, so hat er ein gutes Jackett und Hosen, die er zu den Vorlesungen tragen kann. Ansonsten trägt er immer dieselben alten Sachen.

Er ist dabei, etwas zu beweisen: dass jeder Mensch eine Insel ist; dass man keine Eltern braucht.

An manchen Abenden, wenn er so in Regenmantel, Shorts und Sandalen die Main Road hinuntergeht, das regennasse Haar am Kopf festgeklebt, von den Scheinwerfern vorbeifahrender Autos angestrahlt, ahnt er, wie wunderlich er aussieht. Nicht exzentrisch (exzentrisch auszusehen hat schon etwas für sich), bloß wunderlich. Er knirscht ärgerlich mit den Zähnen und legt einen Schritt zu.

Er ist dünn und schlaksig, aber auch schlaff. Er wäre gern attraktiv, doch er weiß, dass er's nicht ist. Etwas Wesentliches fehlt ihm, etwas Charaktervolles. Er hat noch etwas Kindliches. Wann wird er endlich kein Kind mehr sein? Was wird ihn davon befreien, ihn zum Mann machen?

Befreien wird ihn, wenn es so weit ist, die Liebe. Wenn er auch nicht an Gott glaubt, an die Liebe und die Macht der Liebe glaubt er. Die Geliebte, die ihm Bestimmte, wird sofort das wunderliche und sogar langweilige Äußere, das er zur Schau trägt, durchschauen und das Feuer sehen, das in ihm brennt. Bis dahin ist sein langweiliges und wunderliches Aussehen Teil einer Prüfung, durch die er hindurchmuss, um eines Tages ins Licht hinauszutreten – in das Licht der Liebe, in das Licht der Kunst. Denn er wird ein Künstler sein, das ist längst entschieden. Jetzt ist er verkannt und lächerlich – das muss so sein, weil es das Los des Künstlers ist, missverstanden und verspottet zu werden, bis zu dem Tag, an dem er sich in seiner wahren Größe offenbart und aller Spott und Hohn verstummt.

Seine Sandalen kosten zwei Shilling und sechs Pence. Sie sind aus Gummi und wurden irgendwo in Afrika hergestellt, vielleicht in Njassaland. Wenn sie nass werden, hat der Fuß keinen Halt darin. Im Winter regnet es wochenlang am Kap. Wenn er im Regen die Main Road hinuntergeht, muss er manchmal stehen bleiben, um eine Sandale aufzuheben, die er verloren hat. In solchen Augenblicken sieht er die feisten Bürger von Kapstadt hämisch lachen, wenn sie trocken und behaglich in ihren Autos an ihm vorbeifahren. Lacht nur!, denkt er. Bald werde ich nicht mehr hier sein!

Sein bester Freund, Paul, studiert wie er selbst Mathematik. Paul ist groß und dunkelhaarig und steckt mitten in einer Affäre mit einer älteren Frau, einer Frau namens Elinor Laurier, klein und blond und hübsch wie ein munteres Vögelchen. Paul beschwert sich über Elinors unberechenbare Launen, über die Ansprüche, die sie an ihn stellt. Trotzdem ist er neidisch auf Paul. Wenn er eine hübsche, weltgewandte Geliebte hätte, die mit Zigarettenspitze rauchte und Französisch spräche, würde er schnell verwandelt, ja verklärt werden, dessen ist er sich sicher.

Elinor und ihre Zwillingsschwester wurden in England geboren; mit fünfzehn Jahren, nach dem Krieg, brachte man sie nach Südafrika. Ihre Mutter hat die Mädchen gegeneinander ausgespielt, das behauptet Paul, das behauptet Elinor, sie hat ihre Liebe und Bestätigung erst der einen, dann der anderen geschenkt, sie damit verunsichert und von sich abhängig gemacht. Elinor, die Stärkere der beiden, überstand das unbeschadet, wenn sie auch im Schlaf noch weint und in einer Schublade einen Teddybär aufbewahrt. Ihre Schwester ist jedoch eine Zeit lang so verrückt gewesen, dass sie aus dem Verkehr gezogen wurde. Sie ist immer noch in Behandlung und kämpft mit dem Geist der toten alten Frau.

Elinor unterrichtet in einer Sprachschule der Stadt. Seit Paul mit ihr befreundet ist, gehört er zu ihrer Clique, einem Kreis von Künstlern und Intellektuellen, die im Stadtteil Gardens wohnen, schwarze Pullover und Jeans und Hanfsandalen tragen, herben Rotwein trinken und Gauloises rauchen, Camus und Garcia Lorca zitieren, modernen Jazz hören. Einer von denen spielt spanische Gitarre, und man kann ihn dazu überreden, *cante hondo* zu imitieren. Da sie keiner geregelten Arbeit nachgehen, machen sie die Nacht durch und schlafen bis zum

Mittag. Sie hassen die Nationalisten, sind aber unpolitisch. Wenn sie Geld hätten, würden sie dem düsteren Südafrika den Rücken kehren und sich für immer auf dem Montmartre oder auf den Balearen niederlassen, sagen sie.

Paul und Elinor nehmen ihn zu einem ihrer Treffen mit, das in einem Bungalow am Strand von Clifton stattfindet. Elinors Schwester, die Labile, von der man ihm erzählt hat, ist mit von der Partie. Paul deutet an, dass sie eine Affäre mit dem Bungalowbesitzer hat, einem Mann mit gerötetem Gesicht, der für die *Cape Times* schreibt.

Die Schwester heißt Jacqueline. Sie ist größer als Elinor, hat nicht so feine Gesichtszüge, ist aber trotzdem hübsch. Sie steckt voll nervöser Energie, ist Kettenraucherin und gestikuliert beim Reden. Er findet einen Draht zu ihr. Sie ist nicht so sarkastisch wie Elinor, und das erleichtert ihn. Sarkastische Leute schüchtern ihn ein. Er hat den Verdacht, dass sie sich hinter seinem Rücken über ihn lustig machen.

Jacqueline schlägt einen Strandspaziergang vor. Hand in Hand (wie ist das passiert?) schlendern sie im Mondlicht den ganzen Strand entlang. An einer versteckten Stelle zwischen Felsblöcken wendet sie sich ihm zu, macht einen Kussmund und bietet ihm die Lippen.

Er reagiert, fühlt sich dabei aber unbehaglich. Wo soll das hinführen? Er hat noch nie mit einer älteren Frau etwas gehabt. Wenn er nun versagt?

Es führt bis zur letzten Konsequenz, stellt er fest. Er folgt widerstandslos, gibt sein Bestes, vollzieht den Akt, gibt zu guter Letzt sogar vor, hingerissen zu sein.

In Wahrheit ist er nicht hingerissen. Da gibt es nicht nur den Sand, der überall dazwischen gerät, da gibt es auch die quälende Frage, warum diese Frau, die er eben erst kennen gelernt hat, sich ihm hingibt. Soll er glauben, dass sie während einer beiläufigen Unterhaltung die geheime Flamme, die in ihm brennt, entdeckt hat, die Flamme, die ihn als Künstler kennzeichnet? Oder ist sie schlicht eine Nymphomanin, und war es das, wovor ihn Paul auf seine dezente Art gewarnt hat, als er erwähnte, sie sei »in Behandlung«?

Er ist nicht völlig unbewandert in sexuellen Dingen. Wenn der Mann kein Vergnügen am Akt hatte, dann hat die Frau bestimmt auch kein Vergnügen daran gehabt – das weiß er, das ist eine der Regeln beim Sex. Doch was geht danach zwischen einem Mann und einer Frau vor, denen das Spiel missglückt ist? Müssen sie jedes Mal, wenn sie sich begegnen, an ihr Versagen denken und verlegen sein?

Es ist spät, die Nacht wird kalt. Schweigend ziehen sie sich an und gehen zum Bungalow zurück, wo die Party im Begriff ist, sich aufzulösen. Jacqueline holt ihre Schuhe und Tasche. »Gute Nacht«, sagt sie zu ihrem Gastgeber und küsst ihn flüchtig auf die Wange.

»Ihr wollt los?«, fragt er.

»Ja, ich fahre John nach Hause«, antwortet sie.

Ihr Gastgeber ist in keiner Weise beunruhigt. »Dann macht's gut, ihr beiden«, sagt er.

Jacqueline ist Krankenschwester. Er ist noch nie mit einer Krankenschwester zusammen gewesen, aber die allgemeine Meinung ist, dass Krankenschwestern, weil sie unter Kranken und Sterbenden arbeiten und sich um deren körperliche Bedürfnisse kümmern, eine zynische Einstellung in moralischen Fragen entwickeln. Medizinstudenten warten ungeduldig auf die Zeit, wenn sie im

Krankenhaus Nachtdienst haben. Krankenschwestern sind ausgehungert nach Sex, sagt man. Sie vögeln überall und jederzeit.

Doch Jacqueline ist keine gewöhnliche Krankenschwester. Sie ist eine Guy-Krankenschwester, lässt sie ihn sehr schnell wissen, sie wurde im Londoner Guy-Krankenhaus als Hebamme ausgebildet. Auf der Brust ihres Kittels mit den roten Schulterstücken hat sie ein kleines Bronzeabzeichen, einen Helm und einen Stulpenhandschuh mit dem Motto *Per Arduos*. Sie arbeitet nicht im Groote Schuur, dem staatlichen Krankenhaus, sondern in einem privaten Pflegeheim, wo man besser bezahlt.

Zwei Tage nach dem Ereignis am Strand von Clifton kommt er zum Schwesternwohnheim. Jacqueline wartet in der Eingangshalle auf ihn, ausgehfein, und sie machen sich gleich auf den Weg. An einem oberen Fenster reckt man die Hälse und starrt herunter; er fühlt die neugierigen Blicke anderer Schwestern auf sich ruhen. Er ist zu jung, deutlich zu jung für eine Frau von dreißig; und in seinen tristen Sachen, ohne Auto, auch kein toller Fang.

Nur eine Woche, und Jacqueline ist aus dem Schwesternwohnheim aus- und in seine Wohnung eingezogen. Wenn er zurückdenkt, kann er sich nicht erinnern, sie eingeladen zu haben – er hat es nur verpasst, sich dagegen zu wehren.

Er hat noch nie mit jemandem zusammengelebt, gewiss nicht mit einer Frau, einer Geliebten. Sogar als Kind hat er ein eigenes Zimmer mit einer abschließbaren Tür gehabt. Die Wohnung in Mowbray besteht aus einem einzigen langen Zimmer, mit einem Vorraum, von dem eine Küche und ein Bad abgehen. Wie soll er das überleben?

Er versucht, seine unerwartete neue Gefährtin freundlich aufzunehmen, versucht, ihr Platz zu machen. Doch schon nach wenigen Tagen wird ihm das Durcheinander von Schachteln und Koffern lästig, die überall verstreuten Kleider, das Chaos im Bad. Mit Schrecken hört er das Geknatter des Motorrollers, das Jacquelines Rückkehr von der Tagschicht ankündigt. Obwohl sie noch miteinander schlafen, herrscht zunehmend Schweigen zwischen ihnen; er sitzt an seinem Schreibtisch und tut so, als sei er in seine Bücher vertieft, sie hängt rum, vernachlässigt, seufzend, eine Zigarette nach der anderen rauchend.

Sie seufzt viel. So äußert sich ihre Neurose, wenn es eine ist: in Seufzen und Erschöpfungszuständen und manchmal in geräuschlosem Weinen. Die Munterkeit, das Lachen und die Kühnheit ihres ersten Treffens haben sich verflüchtigt. Die Fröhlichkeit dieser Nacht war anscheinend bloß eine Lücke in der Wolkendecke des Trübsinns, vom Alkohol hervorgerufen oder vielleicht sogar von Jacqueline nur vorgetäuscht.

Sie schlafen zusammen in einem Bett, das für eine Person gemacht ist. Im Bett erzählt Jacqueline ohne Unterlass von Männern, die sie benutzt haben, von Therapeuten, die versucht haben, sie zu beherrschen und in eine Marionette zu verwandeln. Ist er einer jener Männer?, fragt er sich. Benutzt er sie? Und gibt es einen anderen Mann, bei dem sie sich über ihn beschwert? Er schläft ein, während sie noch redet, wacht am Morgen abgespannt auf.

Jacqueline ist, wie wohl jeder zugeben muss, eine attraktive Frau, attraktiver, eleganter, welterfahrener, als er es verdient. Die schlichte Wahrheit ist, gäbe es nicht diese Rivalität zwischen den Zwillingsschwestern, dann würde sie nicht sein Bett teilen. Er ist eine Schachfigur in einem Spiel, das die beiden miteinander spielen, ein Spiel, das längst begonnen hat, ehe er auf der Bildfläche erschien – darüber macht er sich keine Illusionen. Trotzdem ist er der Erwählte, er sollte sein Glück nicht hinterfragen. Da lebt er also nun mit einer zehn Jahre älteren Frau zusammen, einer erfahrenen Frau, die während ihrer Zeit beim Guy-Krankenhaus mit Engländern geschlafen hat (so sagt sie), mit Franzosen, Italienern und sogar mit einem Perser. Wenn er nicht behaupten kann, um seiner selbst willen geliebt zu werden, dann wird ihm wenigstens eine Chance geboten, seine Bildung im Bereich des Erotischen zu erweitern.

Das hofft er. Aber nach zwölfstündigem Dienst im Pflegeheim, gefolgt von einem Abendbrot, bestehend aus Blumenkohl mit weißer Sauce, gefolgt von einem Abend trübsinnigen Schweigens, ist Jacqueline nicht aufgelegt, sich freizügig zu zeigen. Wenn sie ihn überhaupt umarmt, dann tut sie das der Form halber, denn wenn es nicht mit sexuellen Aktivitäten begründet ist, dass zwei Fremde sich in einem solchen beengten und ungemütlichen Wohnraum zusammengepfercht haben, wieso sind sie dann überhaupt dort?

Es kommt zur Krise, als Jacqueline in seiner Abwesenheit sein Tagebuch aufstöbert und liest, was er über ihr Zusammenleben geschrieben hat. Bei seiner Rückkehr trifft er sie beim Zusammenpacken ihrer Sachen an.

»Was soll das?«, fragt er.

Mit schmalen Lippen zeigt sie auf das Tagebuch, das geöffnet auf seinem Schreibtisch liegt.

Er fährt zornig auf. »Du wirst mich nicht vom Schreiben abhalten!«, schwört er. Das ist unlogisch, das weiß er.

Auch sie ist zornig, aber auf kältere, tiefere Weise. »Wenn ich für dich, *wie du behauptest*, eine solche unsägliche Belastung bin«, sagt sie, »wenn ich dir die Ruhe und das Privatleben und die Fähigkeit zu schreiben raube, dann lass dir meinerseits gesagt sein, dass ich das Leben mit dir gehasst habe, jede Minute davon gehasst habe, und es nicht erwarten kann, frei zu sein.«

Eigentlich hätte er sagen sollen, dass man nicht die persönlichen Aufzeichnungen anderer Leute lesen sollte. Ja, er hätte sein Tagebuch verstecken und nicht herumliegen lassen sollen, wo man es finden konnte. Aber jetzt lässt es sich nicht mehr ändern, es ist nun einmal passiert.

Er sieht zu, während Jacqueline packt, hilft ihr, die Tasche auf dem Soziussitz festzuschnallen. »Ich behalte den Schlüssel, *mit deiner Erlaubnis*, bis ich meine restlichen Sachen abgeholt habe«, sagt sie. Sie stülpt sich den Helm über. »Auf Wiedersehen. Ich bin wirklich enttäuscht von dir, John. Du magst ja superklug sein – das kann ich nicht beurteilen –, aber erwachsen bist du noch lange nicht.« Sie tritt auf den Starter. Die Maschine springt nicht an. Noch einmal tritt sie den Starter durch, und noch einmal. Benzingeruch steigt auf. Der Vergaser ist abgesoffen; da kann man nichts machen außer warten, bis er austrocknet. »Komm rein«, schlägt er vor. Mit versteinertem Gesicht lehnt sie ab. »Es tut mir Leid«, sagt er. »Das Ganze.«

Er geht ins Haus und lässt sie dort auf der Straße. Fünf Minuten später hört er die Maschine anspringen und den Motorroller davonbrausen.

Tut es ihm Leid? Gewiss tut ihm Leid, dass Jacqueline

gelesen hat, was sie gelesen hat. Aber die eigentliche Frage ist, was war sein Motiv, zu schreiben, was er geschrieben hat? Hat er es vielleicht geschrieben, damit sie es liest? Aufzuschreiben, was er wirklich dachte, und es herumliegen zu lassen, wo Jacqueline es einfach finden musste – war das seine Art, ihr zu sagen, was er ihr ins Gesicht zu sagen zu feige war? Was denkt er denn wirklich? An manchen Tagen ist er glücklich, ja er kommt sich sogar privilegiert vor, weil er mit einer schönen Frau zusammenlebt oder jedenfalls nicht allein lebt. An anderen Tagen ist ihm anders zumute. Was ist wirklich – das Glücklichsein, das Unglücklichsein oder etwas dazwischen?

Die Frage, was in sein Tagebuch aufgenommen werden und was für immer verborgen bleiben sollte, ist eine zentrale Frage für all sein Schreiben. Wenn er sich selbst zensieren und verbieten wollte, unedle Gefühle aufzuschreiben – Verärgerung über das Okkupieren seiner Wohnung oder Scham über sein Versagen als Liebhaber –, wie sollen dann diese Gefühle jemals verklärt und in Poesie umgewandelt werden? Und wenn die Poesie nicht die Triebkraft seiner Verwandlung vom Unedlen zum Edlen sein soll, warum sich dann überhaupt mit der Poesie abgeben? Wer sagt denn übrigens, dass die Gefühle, die er in seinem Tagebuch aufschreibt, seine wahren Gefühle sind? Wer sagt denn, dass er, während die Feder übers Papier eilt, immer wahrhaft er selbst ist? Einmal ist er vielleicht wahrhaft er selbst, ein anderes Mal erfindet er vielleicht einfach etwas. Wie soll er das genau wissen? Warum sollte er das überhaupt genau wissen *wollen*?

Die Dinge sind selten so, wie sie scheinen: das hätte er Jacqueline sagen sollen. Doch wie wahrscheinlich ist es, dass sie ihn verstanden hätte? Wie hätte sie annehmen sollen, was sie da in seinem Tagebuch las, sei nicht die Wahrheit, die unrühmliche Wahrheit darüber, was in den Gedanken ihres Partners während dieser traurigen Abende voller Schweigen und Seufzen vor sich ging, sondern im Gegenteil eine Fiktion, eine von mehreren möglichen Fiktionen, wahr nur in dem Sinn, dass ein Kunstwerk wahr ist – sich selbst treu, seinen eigenen Zielen treu –, wo doch die unrühmlichen Zeilen so genau ihrem eigenen Verdacht entsprachen, dass ihr Partner sie nicht liebte, sie nicht einmal besonders leiden mochte?

Jacqueline wird ihm nicht glauben, aus dem einfachen Grund, weil er sich selbst nicht glaubt. Er weiß nicht, was er glaubt. Manchmal denkt er, dass er gar nichts glaubt. Aber letzten Endes bleibt die Tatsache, dass sein erster Versuch, mit einer Frau zusammenzuleben, gescheitert, schmählich gescheitert ist. Er muss wieder allein leben; und das wird eine große Erleichterung für ihn sein. Aber er kann nicht ewig allein leben. Geliebte zu haben gehört zu einem Künstlerleben: Selbst wenn er sich nicht in einer Ehe einfangen lässt, wofür er ganz bestimmt sorgen wird, muss er eine Möglichkeit finden, mit Frauen zu leben. Die Kunst kann nicht ausschließlich von Entbehrung leben, von Sehnsucht, Einsamkeit. Es muss auch menschliche Nähe, Leidenschaft, Liebe geben.

Picasso, der ein großer Künstler ist, vielleicht der größte von allen, ist ein lebendes Beispiel dafür. Picasso verliebt sich in Frauen, in eine nach der anderen. Eine nach der anderen ziehen sie zu ihm, teilen sein Leben, dienen ihm als Modell. Durch die Leidenschaft, die mit jeder neuen Geliebten neu entflammt, werden die Doras und Pilars, die der Zufall an seine Schwelle führt, in unvergänglichen Kunstwerken wiedergeboren. So wird das gemacht. Und wie ist das mit ihm? Kann er versprechen, dass die Frauen in seinem Leben, nicht nur Jacqueline, sondern all die noch nicht vorauszusehenden Frauen, die folgen sollen, ein ähnliches Schicksal haben werden? Er würde es gern glauben, doch er hat seine Zweifel. Ob er ein großer Künstler werden wird, kann nur die Zeit zeigen, aber eins ist klar, er ist kein Picasso. Seine ganze Empfindungswelt ist anders als die Picassos. Er ist stiller, schwermütiger, von eher nordischem Typ. Ihm fehlen auch Picassos hypnotische schwarze Augen. Wenn er jemals versuchen sollte, eine Frau zu verwandeln, dann nicht so grausam wie Picasso, der ihren Körper verbiegt und verdreht wie Metall in einem glühenden Ofen. Schriftsteller sind sowieso anders als Maler: Sie sind beharrlicher, subtiler.

Haben alle Frauen, die sich mit Künstlern einlassen, dieses Schicksal: dass aus ihnen das Schlimmste oder das Beste herausgeholt und künstlerisch verarbeitet wird? Er denkt an Hélène in *Krieg und Frieden*. War Hélène zunächst eine von Tolstois Geliebten? Hat sie jemals geahnt, dass sie lange nach ihrer Zeit von Männern, die sie nie gesehen hatten, wegen ihrer schönen nackten Schultern begehrt werden würde?

Muss denn alles so grausam sein? Es gibt doch bestimmt eine Form des Zusammenlebens, bei der Mann und Frau zusammen essen, zusammen schlafen, zusammen wohnen, aber jeder in seinen inneren Erkundungen versunken bleibt. War darum seine Affäre mit Jacqueline zum Scheitern verurteilt: weil sie selbst keine Künstlerin war und deshalb das Bedürfnis des Künstlers nach innerer Einsamkeit nicht verstehen konnte? Wenn Jacqueline zum Beispiel Bildhauerin gewesen wäre, wenn ein Winkel der Wohnung für sie reserviert gewesen wäre, um dort ihren Marmorblock zu behauen, während er in einem anderen Winkel mit Wörtern und Reimen rang, wäre dann die Liebe zwischen ihnen gediehen? Ist das die Moral der Geschichte von ihm und Jacqueline: dass es für Künstler am besten ist, sich nur mit Künstlern zu verbinden?

Zwei

Die Affäre ist vorbei. Nach Wochen erstickender Intimität hat er wieder ein Zimmer für sich allein. Er stapelt Jacquelines Kartons und Koffer in einer Ecke und wartet darauf, dass sie abgeholt werden. Es geschieht nicht. Stattdessen taucht eines Abends Jacqueline selbst wieder auf. Sie sagt, sie sei gekommen, nicht um wieder bei ihm zu wohnen (»Mit dir kann man nicht zusammenleben«), sondern um Frieden zu machen (»Ich will nicht nachtragend sein, das deprimiert mich«), einen Frieden, der es mit sich bringt, dass sie zuerst mit ihm ins Bett geht und ihm dann im Bett wortreich vorhält, was er über sie in seinem Tagebuch geschrieben hat. Ihr Redefluss nimmt kein Ende – vor zwei Uhr morgens ist an Schlaf nicht zu denken.

Er wacht spät auf, zu spät für seine 8-Uhr-Vorlesung. Das ist nicht die erste Vorlesung, die er verpasst hat, seit Jacqueline in sein Leben getreten ist. Er bleibt im Studium zurück und weiß nicht, wie er das je wieder aufholen soll. In den ersten zwei Jahren an der Universität ist er einer der Besten seines Jahrgangs gewesen. Ihm ist alles leicht gefallen, er ist dem Dozenten immer einen

Schritt voraus gewesen. Aber seit kurzem scheint sich ein Nebel auf seinen Geist herabgesenkt zu haben. Die Mathematik, mit der sie sich jetzt beschäftigen, ist moderner und abstrakter geworden, und er ist ins Schwimmen geraten. Er kann der Exposition an der Tafel zwar immer noch Zeile für Zeile folgen, aber immer öfter entzieht sich ihm die Beweisführung. Im Seminar wird er von Panikattacken heimgesucht, die er versteckt, so gut er kann.

Seltsamerweise scheint es nur ihm so zu gehen. Selbst diejenigen unter seinen Kommilitonen, die sich alles mühsam erarbeiten müssen, haben nicht mehr Probleme als sonst. Während seine Zensuren Monat für Monat schlechter werden, bleiben die ihren konstant. Und die Besten, die wirklichen Stars, haben ihn weit hinter sich gelassen.

Noch nie im Leben musste er alle Kräfte mobilisieren. Weniger als sein Bestes ist immer gut genug gewesen. Jetzt kämpft er um sein Leben. Wenn er sich nicht ganz auf seine Arbeit wirft, geht er unter.

Doch ganze Tage verstreichen in einem grauen Nebel der Erschöpfung. Er verflucht sich dafür, dass er sich wieder in eine Affäre hineinziehen lässt, die ihn so viel kostet. Wenn eine Geliebte zu haben diesen Preis hat, wie kommen Picasso und die anderen damit klar? Er hat einfach nicht die Kraft, von Vorlesung zu Vorlesung zu hetzen, von Job zu Job und dann, wenn der Tag um ist, einer Frau zuzuhören, die zwischen Euphorie und Anfällen düsterster Melancholie schwankt, die dann zum Rundumschlag ausholt und die Kränkungen eines ganzen Lebens hervorholt.

Obwohl Jacqueline offiziell nicht mehr bei ihm wohnt, nimmt sie sich doch heraus, zu jeder Tages- und Nachtzeit vor seiner Tür zu erscheinen. Manchmal kommt sie, um ihn für diese oder jene Äußerung, die ihm entschlüpft ist und deren verborgene Bedeutung ihr erst jetzt aufgegangen ist, zur Rechenschaft zu ziehen. Manchmal ist sie nur deprimiert und möchte aufgemuntert werden. Am schlimmsten ist immer der Tag nach der Therapie: sie ist gekommen, um immer wieder zu rekapitulieren, was im Sprechzimmer ihres Therapeuten vor sich gegangen ist, um noch an der winzigsten seiner Gesten herumzudeuten. Sie seufzt und weint, schüttet ein Glas Wein nach dem anderen hinunter, erstarrt mitten im Sex.

»Du solltest auch zur Therapie gehen«, sagt sie zu ihm und bläst Rauch aus.

»Ich werde es mir überlegen«, antwortet er. Inzwischen ist er klug genug, um ihr nicht zu widersprechen.

In Wirklichkeit würde er nicht im Traum daran denken, zur Therapie zu gehen. Das Ziel einer Therapie ist, einen glücklich zu machen. Wozu soll das gut sein? Glückliche Leute sind uninteressant. Besser, die Last des Unglücklichseins zu tragen und zu versuchen, es in etwas Wertvolles zu verwandeln, in Poesie oder Musik oder Malerei – daran glaubt er.

Trotzdem hört er Jacqueline so geduldig zu, wie er kann. Er ist der Mann, sie ist die Frau; er hat sein Vergnügen an ihr gehabt, nun muss er den Preis dafür zahlen: so scheinen Affären zu funktionieren.

Ihre Geschichte, die sie ihm Nacht für Nacht in sich überschneidenden und widersprechenden Versionen ins schlafbefangene Ohr spricht, lautet, dass sie ihres wahren Ichs beraubt worden ist durch einen Verfolger, der manchmal ihre tyrannische Mutter ist, manchmal ihr davongelaufener Vater, manchmal der eine oder andere sadistische

Liebhaber, manchmal ein mephistophelischer Therapeut. Was er in seinen Armen hält, sagt sie, sei nur die leere Hülle ihres wahren Ichs; sie wird die Kraft zu lieben erst wiederfinden, wenn sie ihr Ich wiedergefunden hat.

Er hört zu, ungläubig. Wenn ihr Therapeut es auf sie abgesehen hat, denkt er bei sich, warum stellt sie dann nicht die Besuche bei ihm ein? Wenn ihre Schwester sie schlecht macht, warum bricht sie dann nicht einfach die Verbindung ab? Und was seine Person betrifft, so argwöhnt er, wenn er für Jacqueline mittlerweile mehr Vertrauter als Liebhaber ist, dann deshalb, weil er als Liebhaber nicht gut genug ist, nicht feurig genug, nicht leidenschaftlich. Er argwöhnt, wenn er als Liebhaber mehr zu bieten hätte, würde sie bald ihr fehlendes Ich und ihr fehlendes Verlangen finden.

Warum öffnet er immer wieder die Tür, wenn sie anklopft? Weil das so Brauch ist bei Künstlern – die ganze Nacht aufbleiben, ein chaotisches Leben führen – oder weil trotz allem diese gepflegte, unleugbar hübsche Frau, die sich nicht schämt, unter seinen Blicken nackt in der Wohnung herumzuwandern, seine Sinne verwirrt?

Warum ist sie in seiner Gegenwart so freizügig? Geschieht das, um ihn zu verspotten (denn sie spürt seine Augen auf sich ruhen, das weiß er), oder benehmen sich alle Krankenschwestern privat so, lassen ihre Kleider fallen, kratzen sich, sprechen ganz selbstverständlich von Ausscheidungen, erzählen dieselben ordinären Witze, die Männer in Kneipen erzählen? Doch wenn Jacqueline sich von allen Hemmungen befreit hat, warum ist dann ihre Art zu lieben so zerstreut, beiläufig, enttäuschend?

Es war nicht seine Idee, die Affäre zu beginnen, und auch nicht, sie fortzusetzen. Aber wo er nun mitten drinsteckt, hat er nicht die Kraft, sich loszureißen. Eine fatalistische Haltung hat sich seiner bemächtigt. Wenn das Leben mit Jacqueline so etwas wie eine Krankheit ist, dann soll die Krankheit ihren Verlauf nehmen.

Er und Paul sind Gentlemen genug, um sich nicht über ihre Geliebten auszutauschen. Trotzdem argwöhnt er, dass Jacqueline Laurier mit ihrer Schwester über ihn spricht und die das Paul weitererzählt. Es stört ihn, dass Paul vermutlich weiß, was in seinem Intimleben abläuft. Er ist sicher, dass von ihnen beiden Paul geschickter im Umgang mit Frauen ist.

Eines Abends, als Jacqueline im Pflegeheim Nachtschicht hat, schaut er bei Paul vorbei. Paul will sich gerade zu seiner Mutter nach St. James auf den Weg machen, um bei ihr das Wochenende zu verbringen. Warum er nicht einfach mitkomme – so Pauls Vorschlag –, wenigstens für den Samstag?

Sie verpassen um Haaresbreite den letzten Zug. Wenn sie noch nach St. James wollen, müssen sie die ganzen zwölf Meilen laufen. Es ist ein schöner Abend. Warum nicht?

Paul hat seinen Rucksack und seine Violine dabei. Er nimmt die Violine mit, sagt er, weil das Üben in St. James, wo die Nachbarn nicht so nahe sind, unproblematischer ist.

Paul spielt von Kindheit an Violine, hat es aber nie sehr weit damit gebracht. Er scheint es ganz zufrieden, dieselben kleinen Giguen und Menuette wie vor zehn Jahren zu spielen. Seine eigenen Ambitionen als Musiker sind viel größer. In seiner Wohnung steht das Klavier, das seine Mutter gekauft hat, als er mit fünfzehn Klavierunterricht haben wollte. Der Unterricht war kein Erfolg, er hatte keine Geduld mit den langsamen, Schritt-für-Schritt-Methoden seines Lehrers. Trotzdem ist er entschlossen, dass er eines Tages, wie schlecht auch immer, Beethovens Opus 111 spielen wird, und danach Busonis Transkription von Bachs Chaconne in d-Moll. Diese Ziele wird er ohne den üblichen Umweg über Czerny und Mozart erreichen. Stattdessen wird er diese Stücke, und nur diese, unermüdlich üben, zuerst die Noten lernend, indem er sie sehr, sehr langsam spielt, dann jeden Tag das Tempo ein wenig mehr anziehend, so lange es eben braucht. Das ist seine eigene Methode, Klavier spielen zu lernen, von ihm selbst erfunden. Solange er sein Programm ohne Schwanken umsetzt, wüsste er keinen Grund, warum das nicht funktionieren soll.

Doch er muss feststellen, dass seine Handgelenke sich beim Versuch, von sehr, sehr langsam zu nur sehr langsam voranzukommen, verspannen und verkrampfen, seine Finger werden steif, und bald kann er überhaupt nicht mehr spielen. Dann bekommt er einen Wutanfall, hämmert mit den Fäusten auf die Tasten und stürmt verzweifelt aus dem Haus.

Es ist schon nach Mitternacht, und er und Paul sind erst in Wynberg. Der Verkehr ist zum Erliegen gekommen, die Hauptstraße ist leer bis auf einen Straßenkehrer, der seinen Besen vor sich herschiebt.

In Dieprivier überholt sie ein Milchmann in seinem Pferdekarren. Sie bleiben stehen und sehen zu, als er das Pferd anhält, beschwingten Schrittes einen Gartenpfad hinaufgeht, zwei volle Flaschen hinstellt, die leeren hochhebt, die Münzen herausschüttelt, zu seinem Karren zurückläuft.

»Können wir eine Flasche kaufen?«, fragt Paul und gibt ihm vier Pence. Lächelnd schaut ihnen der Milchmann beim Trinken zu. Der Milchmann ist jung und hübsch und strotzt vor Kraft. Selbst dem großen Schimmel mit den zottigen Hufen scheint es nichts auszumachen, mitten in der Nacht unterwegs zu sein.

Er staunt. Diese Arbeiten, von denen er nichts wusste, die nachts getan werden, während die Leute schlafen: Straßen werden gekehrt, Milch wird vor die Tür gestellt! Aber eins verwundert ihn. Warum wird die Milch nicht gestohlen? Warum gibt es keine Diebe, die dem Milchmann dicht auf den Fersen sind und jede Flasche, die er hinstellt, stibitzen? In einem Land, wo Eigentum ein Verbrechen ist und alles und jedes gestohlen werden kann, was lässt Milch davon ausgenommen sein? Die Tatsache, dass es zu leicht ist, sie zu stehlen? Gibt es einen Verhaltenskodex selbst für Diebe? Oder haben Diebe Mitleid mit Milchmännern, die meistens jung und schwarz und machtlos sind?

Er würde gern diese letzte Erklärung glauben. Er würde gern glauben, dass genug Mitleid für Schwarze und ihr Los in der Luft läge, dass der Wunsch, mit ihnen anständig umzugehen, die Grausamkeit der Gesetze auszugleichen, groß genug wäre. Aber er weiß, dass es nicht so ist. Schwarz und Weiß trennt eine Kluft. Tiefer als Mitleid, tiefer als anständiges Handeln, tiefer auch als der gute Wille ist auf beiden Seiten das Bewusstsein, dass Leute wie Paul und er selbst, mit ihren Klavieren und Violinen, unter dem fadenscheinigsten Vorwand hier auf diesem Fleck Erde, der Erde Südafrikas, sind. Dieser Milchmann hier, noch vor einem Jahr sicher nur ein Hütejunge in der tiefsten Transkei, muss es wissen. Wirklich spürt er, dass von

Afrikanern im Allgemeinen, selbst von Farbigen, eine seltsame, leicht belustigte Zärtlichkeit ausgeht: ein Gefühl, dass er ein Einfaltspinsel sein und beschützt werden muss, wenn er meint, er könne so einfach mit seinem ehrlichen Gesicht und anständigem Verhalten durchkommen, wo doch der Boden unter seinen Füßen mit Blut getränkt ist und die Geschichte bis tief hinab in die Vergangenheit von Zornesschreien widerhallt. Warum sonst sollte dieser junge Mann beim ersten Lüftchen des neuen Tages, das mit der Mähne seines Pferdes spielt, so sanft lächeln, während er den beiden zusieht, wie sie die Milch trinken, die er ihnen gegeben hat?

Sie kommen beim Haus in St. James an, als der Tag anbricht. Er schläft sofort auf einem Sofa ein und schläft bis zum Mittag, wo Pauls Mutter sie weckt und ihnen das Frühstück auf einer Veranda mit Rundblick über die weite Fläche der False Bay serviert.

Zwischen Paul und seiner Mutter fließt das Gespräch leicht dahin und bezieht ihn mühelos ein. Die Mutter ist Fotografin und hat ein eigenes Studio. Sie ist zierlich und gut gekleidet, hat eine heisere Raucherstimme und ein ruheloses Wesen. Nach dem Frühstück entschuldigt sie sich: Die Arbeit wartet, sagt sie.

Er geht mit Paul zum Strand hinunter, sie schwimmen, kommen zurück, spielen Schach. Dann geht er zum Zug und fährt nach Hause. Das ist sein erster Eindruck von Pauls häuslichem Leben, und er ist voller Neid. Warum kann er nicht eine freundliche, normale Beziehung zu seiner Mutter haben? Er wünscht sich seine Mutter wie die von Paul, wünscht, dass sie ein eigenes Leben außerhalb der beschränkten Familie hätte.

Weil er der bedrückenden familiären Atmosphäre entfliehen wollte, ist er von zu Hause weggegangen. Jetzt sieht er seine Eltern nur selten. Obwohl sie nur ein paar Minuten weit von ihm wohnen, besucht er sie nicht. Er hat ihnen Paul nie vorgestellt oder einen seiner anderen Freunde, ganz zu schweigen von Jacqueline. Jetzt, wo er sein eigenes Einkommen hat, benutzt er seine Unabhängigkeit, um seine Eltern aus seinem Leben auszuschließen. Seine Kälte schmerzt seine Mutter, weiß er, die Kälte, mit der er sein ganzes Leben lang ihre Liebe beantwortet hat. Sein ganzes Leben lang wollte sie ihn hätscheln; sein ganzes Leben lang hat er das abgewehrt. Obwohl er es immer wieder beteuert, kann sie nicht glauben, dass er mit seinem Geld auskommt. Wenn sie sich treffen, versucht sie stets, ihm Geld in die Tasche zu stecken, eine Pfundnote, zwei Pfund. »Bloß eine Kleinigkeit«, nennt sie das. Wenn man ihr nur die geringste Chance gäbe, würde sie Vorhänge für seine Wohnung nähen, seine Wäsche waschen. Er muss sein Herz gegen sie verhärten. Das ist nicht die Zeit, seine Verteidigungshaltung aufzugeben.

Drei

Er liest *Die Briefe von Ezra Pound*. Ezra Pound verlor seine Stelle am Wabash College, Indiana, weil er eine Frau auf sein Zimmer mitgenommen hatte. Wütend über eine solche provinzielle Borniertheit, verließ Pound Amerika. In London lernte er die schöne Dorothy Shakespear kennen, heiratete sie und ging nach Italien. Nach dem Zweiten Weltkrieg warf man ihm vor, den Faschisten Beihilfe und Vorschub geleistet zu haben. Um dem Todesurteil zu entgehen, plädierte er auf Unzurechnungsfähigkeit und wurde in eine Nervenheilanstalt gesperrt.

Jetzt, 1959, ist er freigelassen worden, lebt wieder in Italien und arbeitet an seinem Lebenswerk, den *Cantos*. Alle *Cantos*, die bisher erschienen sind, befinden sich in der Universitätsbibliothek von Kapstadt, in Faber-Ausgaben, in denen die Folge von eleganten schwarzen Druckzeilen hin und wieder von großen chinesischen Zeichen – wie von Gongschlägen – unterbrochen wird. Die *Cantos* fesseln ihn; er liest sie immer wieder (wobei er die langweiligen Passagen über Van Buren und die Malatestas mit schlechtem Gewissen überspringt) und benutzt dabei als Hilfe Hugh Kenners Buch über Pound. T. S. Eliot hat

Pound großzügig *il miglior fabbro*, den besseren Künstler, genannt. Sosehr er Eliots eigenes Werk schätzt, muss er ihm doch beipflichten.

Ezra Pound ist sein ganzes Leben lang verfolgt worden: Er wurde ins Exil getrieben, dann eingesperrt, dann ein zweites Mal aus seinem Vaterland verbannt. Doch obwohl Pound als Irrer abgestempelt wurde, hat er bewiesen, dass er ein großer Dichter ist, vielleicht genauso groß wie Walt Whitman. Seinem Dämon gehorchend, hat Pound sein Leben der Kunst geopfert. Das tat auch Eliot, obwohl Eliots Leiden einen mehr privaten Charakter hatte. Das Leben von Eliot und Pound war ein Leben voller Leid und manchmal auch Schande. Darin liegt eine Lehre für ihn, die sich ihm auf jeder Seite ihrer Verse aufdrängt – bei Eliots Versen, mit denen er seine erste überwältigende Begegnung hatte, während er noch zur Schule ging, und nun bei Pounds Versen. Wie Pound und Eliot muss er bereit sein, alles zu ertragen, was das Leben ihm zugedacht hat, selbst wenn das Exil, Verleumdung und viel Arbeit ohne Ruhm bedeuten sollte. Und wenn er die höchsten Weihen der Kunst nicht erhält, wenn sich herausstellt, dass er die heilige Gabe doch nicht hat, dann muss er darauf gefasst sein, auch das zu ertragen: das unverrückbare Urteil der Geschichte, das Schicksal, trotz all seiner gegenwärtigen und zukünftigen Leiden kein Großer zu sein. Viele sind berufen, aber wenige sind auserwählt. Auf jeden großen Poeten kommt eine Wolke kleiner Poeten, wie Mücken, die einen Löwen umschwirren.

Seine Leidenschaft für Pound wird nur von einem seiner Freunde geteilt, von Norbert. Norbert wurde in der Tschechoslowakei geboren, ist nach dem Krieg nach Südafrika gekommen und spricht Englisch mit einem ganz schwachen deutschen Akzent. Er möchte Ingenieur werden, wie sein Vater. Er kleidet sich mit eleganter europäischer Korrektheit und wirbt hochanständig um ein schönes Mädchen aus guter Familie, mit der er jede Woche einmal spazieren geht. Er trifft sich mit Norbert in einer Teestube an den Hängen des Bergs, um ihre letzten Gedichte zu besprechen und sich Lieblingsstellen aus Pound vorzulesen.

Es kommt ihm interessant vor, dass ausgerechnet Norbert, ein angehender Ingenieur, und er, ein angehender Mathematiker, Schüler von Ezra Pound sind, während die anderen dichtenden Studenten, die er kennt, die, die Literatur studieren und die Literaturzeitschrift der Universität herausgeben, Anhänger von Gerard Manley Hopkins sind. Er hat selbst in der Schulzeit eine kurze Hopkins-Phase durchgemacht, während der er eine Menge betonter Einsilber in seine Verse packte und Wörter romanischen Ursprungs mied. Aber mit der Zeit hat er den Geschmack an Hopkins verloren, wie er jetzt dabei ist, den Geschmack an Shakespeare zu verlieren. Hopkins' Verse sind zu voll gestopft mit Konsonanten, Shakespeares zu voll gestopft mit Metaphern. Hopkins und Shakespeare legen zu viel Wert auf ungewöhnliche Wörter, besonders altenglische Wörter: *maw*, *reck*, *pelf*. Er sieht nicht ein, warum Dichtung sich stets zu einer deklamatorischen Tonlage aufschwingen muss, warum sie sich nicht damit zufrieden geben kann, den Modulationen der normalen Sprechstimme zu folgen – warum sie sich eigentlich so sehr von Prosa unterscheiden muss.

Allmählich zieht er Pope Shakespeare vor, und Swift Pope. Trotz seiner gnadenlos präzisen Ausdrucksweise, die er gut findet, wirkt Pope auf ihn, als sei er noch zu vertraut mit Reifröcken und Perücken, während Swift ein ungezähmter Mann bleibt, ein Einzelgänger.

Auch Chaucer mag er. Das Mittelalter ist langweilig, besessen vom Keuschheitsgedanken, vor Klerikern wimmelnd; mittelalterliche Dichter sind größtenteils ängstlich und suchen ständig eilfertig bei den Kirchenvätern Rat. Aber Chaucer hält einen erfreulich ironischen Abstand zur Obrigkeit. Und er schäumt nicht vor Wut über irgendetwas und lässt keine Schimpfkanonaden los wie Shakespeare.

Was die anderen englischen Dichter angeht, so hat ihn Pound gelehrt, die billige Sentimentalität aufzuspüren, in der die Romantiker und die Viktorianer schwelgen, ganz zu schweigen von ihrem nachlässigen Verseschmieden. Pound und Eliot versuchen, die angloamerikanische Dichtkunst neu zu beleben, indem sie ihr die Strenge des Französischen zurückgeben. Damit ist er voll einverstanden. Wie er einst so begeistert von Keats hatte sein können, dass er Sonette in seinem Stil schrieb, versteht er nicht. Keats gleicht einer Wassermelone, weich und süß und karminrot, wo doch die Poesie hart und klar wie eine Flamme sein sollte. Wenn man ein halbes Dutzend Seiten von Keats liest, ist das, als erliege man einer Versuchung.

Er wäre sicherer in seiner Nachfolge Pounds, wenn er französische Texte wirklich lesen könnte. Aber alles Bemühen seinerseits, sich das Französische beizubringen, führt zu nichts. Er hat kein Gefühl für die Sprache mit ihren Wörtern, die so kühn beginnen, um sich dann in einem Gemurmel zu verlieren. Daher muss er es Pound und Eliot einfach glauben, dass Baudelaire und Nerval, Corbière und Laforgue die Richtung weisen, die er einschlagen muss.

Als er mit dem Studium anfing, war sein Plan, sich zum Mathematiker ausbilden zu lassen, danach ins Ausland zu gehen und sich der Kunst zu widmen. So weit sein Plan, weiter brauchte er nicht zu gehen, und bisher ist er nicht davon abgewichen. Während er im Ausland seine schriftstellerischen Fähigkeiten weiterentwickelt, wird er seinen Lebensunterhalt mit einer unbedeutenden und respektablen Tätigkeit verdienen. Da große Künstler das Schicksal haben, eine Zeit lang unbeachtet zu bleiben, stellt er sich vor, dass er seine Probejahre als Büromensch, der in einem Hinterzimmer bescheiden Zahlenkolonnen addiert, ableisten wird. Ganz bestimmt wird er kein Bohemien sein, das soll heißen ein Säufer und Schnorrer und Tagedieb.

Zur Mathematik zieht ihn, außer den geheimnisvollen Symbolen, die sie benutzt, ihre Reinheit. Wenn es eine Fakultät des reinen Denkens gäbe, dann würde er sich vielleicht auch dort einschreiben; doch reine Mathematik scheint unter den Angeboten der Hochschule das zu sein, was dem Reich der Formen am nächsten kommt.

Es gibt jedoch eine Schwierigkeit bei seinem Studienplan: die Vorschriften erlauben nicht, dass man reine Mathematik und sonst nichts studiert. Die meisten Studenten seines Jahrgangs verbinden reine Mathematik mit angewandter Mathematik und mit Physik. Für ihn kommt das nicht in Frage. Obwohl er sich als Junge flüchtig für Raketentechnik und Kernspaltung interessiert hat, fehlt ihm das Gespür für das, was man die reale Welt nennt, versteht er nicht, warum die physikalischen Gesetze sind, wie sie sind. Warum hört ein hüpfender Ball zum Beispiel irgendwann auf zu hüpfen? Seine Kommilitonen haben kein Problem mit der Frage: weil sein Elastizitätskoeffizient kleiner als eins ist, sagen sie. Aber warum muss das so sein, fragt er. Warum kann der Koeffizient nicht genau eins sein oder größer als eins? Sie zucken mit den Schultern. Wir leben in der realen Welt, sagen sie – in der realen Welt ist der Elastizitätskoeffizient immer kleiner als eins. Das ist für ihn keine Antwort.

Da er sich offenbar nicht im Einklang mit der realen Welt befindet, meidet er die Naturwissenschaften und füllt die leeren Stellen in seinem Studienplan mit Lehrveranstaltungen in Englisch, Philosophie und den klassischen Sprachen. Er möchte gern für einen Mathematikstudenten gehalten werden, der zufällig ein paar geisteswissenschaftliche Fächer belegt; doch von den Studenten der Naturwissenschaften wird er zu seinem Verdruss als Außenseiter betrachtet, als Dilettant, der zu den Mathematik-Vorlesungen erscheint und dann Gott weiß wohin verschwindet.

Da er Mathematiker sein wird, sollte er die meiste Zeit auf die Mathematik verwenden. Doch Mathematik ist leicht, Latein dagegen nicht. Latein ist sein schwächstes Fach. Durch jahrelangen Drill auf seiner katholischen Schule ist ihm die Logik der lateinischen Syntax in Fleisch und Blut übergegangen; er kann den Text korrekt wiedergeben, wenn er sich durch ciceronische Prosa kämpft; aber Virgil und Horaz, mit ihrer zufälligen Wortstellung und ihrem anstößigen Vokabular, geben ihm immer noch Rätsel auf.

Man hat ihn einer Latein-Seminargruppe zugeteilt, in der die meisten anderen Studenten auch Griechisch belegen. Ihre Griechischkenntnisse erleichtern ihnen das Lateinstudium; er muss sich mühen, dass er mit ihnen mitkommt und sich nicht blamiert. Er wünschte, er hätte eine Schule mit Griechischunterricht besucht.

Einer der heimlichen Reize der Mathematik ist, dass sie das griechische Alphabet benutzt. Obwohl er außer *hybris* und *arete* und *eleutheria* keine griechischen Wörter kennt, verbringt er Stunden damit, seine griechische Schrift zu perfektionieren, indem er die Abstriche betont, damit es wie in Bodoni-Schrift wirkt.

Griechisch und reine Mathematik sind in seinen Augen die vornehmsten Fächer, die man an der Universität studieren kann. Aus der Ferne verehrt er die Griechisch-Dozenten, deren Veranstaltungen er nicht belegen kann: Anton Paap, den Papyrologen; Maurice Pope, den Sophokles-Übersetzer; Maurits Heemstra, den Heraklit-Kommentator. Sie bewohnen zusammen mit Douglas Sears, dem Professor für reine Mathematik, ein erhabenes Reich.

Trotz größter Bemühungen seinerseits sind seine Zensuren in Latein nicht besonders. Römische Geschichte zieht ihn immer wieder herunter. Der Dozent, der römische Geschichte zu unterrichten hat, ist ein blasser, unglücklicher junger Engländer, dessen wahres Interesse dem kretischen Heldenepos *Digenis Akritas* gilt. Die Jurastudenten, für die Latein Pflichtfach ist, spüren seine Schwäche und quälen ihn. Sie kommen zu spät und gehen vorzeitig; sie lassen Papierflugzeuge segeln; sie flüstern vernehmlich miteinander, während er spricht; wenn er einen seiner lahmen Witze macht, brüllen sie vor Lachen und stampfen mit den Füßen und hören gar nicht mehr auf.

Die Wahrheit ist, dass er von Schwankungen des Weizenpreises während der Herrschaft des Commodus genauso gelangweilt ist wie die Jurastudenten und vielleicht auch ihr Dozent. Ohne Fakten keine Geschichte, und für Fakten hat er nie ein Gedächtnis gehabt – wenn die Prüfungen kommen und er aufgefordert wird, seine Gedanken darüber darzulegen, was im späten Kaiserreich was bewirkte, starrt er die leere Seite an und fühlt sich elend.

Sie lesen Tacitus in Übersetzung: trockene Aufzählungen der Ausschweifungen und Gräueltaten der Kaiser, bei denen nur die unerklärliche Eile, mit der ein Satz dem anderen folgt, Ironie andeutet. Wenn er Dichter werden will, sollte er von Catull, dem Dichter der Liebe, lernen, den sie in Seminaren übersetzen; aber wer ihn wirklich packt, ist Tacitus, der Historiker, dessen Latein so schwer ist, dass er ihn nicht im Original lesen kann.

Auf Pounds Empfehlung hin hat er Flaubert gelesen, zuerst *Madame Bovary*, dann *Salammbô*, Flauberts Roman über das alte Karthago, und er hat sich wegen Pound die Lektüre Victor Hugos verkniffen. Hugo ist ein Schwätzer, sagt Pound, während Flaubert in das Schreiben von Prosa das harte Juweliershandwerk der Poesie einbringt. Von Flaubert führt eine Traditionslinie zunächst zu Henry James, später zu Conrad und Ford Madox Ford.

Flaubert gefällt ihm. Besonders Emma Bovary mit ihren dunklen Augen, ihrer ruhelosen Sinnlichkeit, ihrer Bereitschaft, sich hinzugeben, hat ihn in Bann geschlagen. Er würde gern mit Emma ins Bett gehen, den berühmten Gürtel wie eine Schlange zischen hören, wenn sie sich auszieht. Würde das aber Pound gutheißen? Er weiß nicht genau, ob der Wunsch, Emma zu begegnen, ein ausreichender Grund ist, Flaubert zu bewundern. In seiner Empfindungswelt ist, so vermutet er, immer noch etwas Verdorbenes, etwas, was an Keats erinnert.

Natürlich ist Emma Bovary ein erdichtetes Geschöpf, er wird ihr nie auf der Straße begegnen. Doch Emma wurde nicht aus dem Nichts heraus erschaffen: Sie hatte ihren Ursprung in den leiblichen Erfahrungen ihres Autors, Erfahrungen, die dann durch das verwandelnde Feuer der Kunst gingen. Wenn Emma ein Original hatte, oder mehrere Originale, dann folgt daraus, dass Frauen wie Emma und Emmas Original in der wirklichen Welt existieren mussten. Und selbst wenn es nicht so ist, selbst wenn keine Frau in der wirklichen Welt genau wie Emma ist, dann müssen doch viele Frauen so tief beeindruckt von ihrer Lektüre der *Madame Bovary* sein, dass sie Emmas Zauber erliegen und zu Emma-Typen werden. Sie sind vielleicht nicht die wirkliche Emma, doch in gewissem Sinne sind sie ihre lebendige Verkörperung.

Sein Ehrgeiz ist, alles zu lesen, was sich lohnt, bevor er ins Ausland geht, damit er nicht als Provinztrottel nach Europa kommt. Für die Auswahl seiner Lektüre verlässt er sich auf Eliot und Pound. Von ihnen ermächtigt, verwirft er ohne einen Blick darauf ganze Regale mit Scott, Dickens, Thackeray, Trollope, Meredith. Was aus Deutschland, Italien, Spanien oder Skandinavien im 19. Jahrhundert kam, ist ebenfalls keiner Beachtung wert. Russland mag ja einige interessante Ungeheuer hervorgebracht haben, doch als Künstler haben die Russen nichts zu bieten. Die Zivilisation ist seit dem 18. Jahrhundert eine anglofranzösische Sache gewesen.

Andererseits gibt es in früheren Zeiten Enklaven einer Hochzivilisation, die man sich nicht zu vernachlässigen leisten kann: nicht nur Athen und Rom, sondern auch das Deutschland Walthers von der Vogelweide, die Provence von Arnaut Daniel, das Florenz Dantes und Guido

Cavalcantis, ganz zu schweigen vom China der Tangzeit, dem Indien der Mogule und dem Spanien der Almoraviden. Wenn er also nicht Chinesisch und Persisch und Arabisch lernt oder mindestens so viel davon, dass er in der Lage ist, ihre Klassiker mit Hilfsmitteln zu lesen, könnte er gleich ein Barbar sein. Wo soll die Zeit dafür herkommen?

In seinen Englisch-Seminaren ist es ihm anfangs nicht gut ergangen. Sein Literatur-Tutor war ein junger Waliser, Mr. Jones. Mr. Jones befand sich erst seit kurzem in Südafrika; das war seine erste richtige Stelle. Die Jurastudenten, die Englisch nur belegt hatten, weil es wie Latein ein Pflichtfach für sie war, hatten seine Unsicherheit sofort gewittert – sie gähnten ungeniert, stellten sich blöd, ahmten seine Sprechweise nach, bis er manchmal ganz verzweifelt war.

Ihre erste Aufgabe bestand darin, eine kritische Analyse eines Gedichtes von Andrew Marvell zu schreiben. Obwohl er nicht so recht wusste, was genau mit kritischer Analyse gemeint war, gab er sein Bestes. Mr. Jones verpasste ihm ein Gamma. Gamma war nicht die schlechteste Note auf der Zensurenskala – es gab noch Gamma minus, ganz zu schweigen von den Delta-Variationen –, aber es war nicht gut. Eine ganze Reihe von Studenten, einschließlich Jurastudenten, bekamen Betas; es gab sogar ein einsames Alpha minus. Obwohl sie wahrscheinlich nichts für Poesie übrig hatten, gab es etwas, was diese Kommilitonen wussten, er aber nicht. Aber was war das? Wie schaffte man es, gut in Englisch zu sein?

Mr. Jones, Mr. Bryant, Miss Wilkinson: seine Lehrer waren alle jung und, so schien ihm, hilflos; schweigend ertrugen sie die Schikanen der Jurastudenten, in der Hoffnung, dass sie es satt bekommen und aufgeben würden. Und er hatte wenig Mitgefühl für ihre Not. Von seinen Lehrern erwartete er Autorität, keine Demonstration von Verletzlichkeit.

In den drei Jahren nach Mr. Jones haben sich seine Englisch-Zensuren langsam nach oben bewegt. Aber er ist nie an der Spitze der Seminargruppe gewesen, hat sich immer gewissermaßen abmühen müssen und war nie sicher, was das Literaturstudium eigentlich sein sollte. Im Vergleich mit der Literaturwissenschaft ist die philologische Seite des Englischen eine Erleichterung gewesen. Bei altenglischen Verbkonjugationen und mittelenglischen Lautverschiebungen weiß man wenigstens, woran man ist.

Im vierten Studienjahr hat er sich nun für ein Seminar über die frühen englischen Prosaschriftsteller bei Professor Guy Howarth angemeldet. Er ist der einzige Student. Howarth geht der Ruf voraus, trocken und pedantisch zu sein, doch das stört ihn nicht. Gegen Pedanten hat er nichts. Er zieht sie Effekthaschern vor.

Sie treffen sich einmal wöchentlich in Howarths Zimmer. Howarth liest seine Vorlesung laut vor, während er sich Notizen macht. Nach einigen Zusammenkünften gibt ihm Howarth einfach das Vorlesungsmanuskript, damit er es zu Hause lesen kann.

Die Vorlesungen, mit Hilfe eines schwachen Farbbandes auf steifes, gelbliches Papier getippt, kommen aus einem Schrank, in dem für jeden englischsprachigen Schriftsteller von Austen bis Yeats ein Ordner zu existieren scheint. Muss man das machen, um Englischprofessor zu werden: die etablierten Autoren lesen und über jeden von ihnen eine Vorlesung schreiben? Wie viel Lebensjahre verschlingt das? Was hat das für Auswirkungen auf den Geist?

Howarth, der Australier ist, scheint Gefallen an ihm gefunden zu haben, er versteht nicht, warum. Obwohl er seinerseits nicht sagen kann, dass er Howarth besonders mag, hat er einen Beschützerinstinkt ihm gegenüber entwickelt, weil er so unbeholfen ist, weil er wähnt, südafrikanische Studenten könnten sich für seine Gedanken zu Gascoigne oder Lyly oder selbst zu Shakespeare interessieren.

Am letzten Tag des Semesters, nach ihrer letzten Zusammenkunft, spricht Howarth eine Einladung aus. »Kommen Sie doch morgen Abend auf ein Glas Wein zu mir nach Hause.«

Er gehorcht, aber mit beklommenem Gefühl. Über ihren Gedankenaustausch zu elisabethanischen Prosaschriftstellern hinaus hat er Howarth nichts zu sagen. Außerdem trinkt er nicht gern. Sogar Wein schmeckt für ihn nach dem ersten Schluck sauer, schwer und unangenehm. Er begreift nicht, wie Leute ihn angeblich genießen können.

Sie sitzen im dämmrigen, hohen Wohnzimmer bei Howarth daheim im Gardens-Viertel. Offenbar ist er der einzige Gast. Howarth verbreitet sich über australische Lyrik, über Kenneth Slessor und A. D. Hope. Mrs. Howarth kommt hereingeschneit, rauscht wieder hinaus. Er spürt, dass sie ihn nicht mag, dass er für sie ein Tugendbold ist, dem *joie de vivre* und Schlagfertigkeit fremd sind. Lilian Howarth ist Howarths zweite Frau. Sie muss einmal eine Schönheit gewesen sein, aber jetzt ist sie bloß noch eine untersetzte kleine Frau mit spindeldürren Beinen und zu viel Puder im Gesicht. Man erzählt sich auch, sie sei eine Säuferin, die zu peinlichen Szenen neigt, wenn sie betrunken ist.

Es stellt sich heraus, dass er mit einer bestimmten Absicht eingeladen wurde. Die Howarths gehen für ein halbes Jahr ins Ausland. Wäre er bereit, in ihrem Haus zu wohnen und nach dem Rechten zu sehen? Er hätte keine Miete zu zahlen, keine Rechnungen zu begleichen und nur wenige Aufgaben.

Er sagt sofort zu. Es schmeichelt ihm, dass er gefragt wird, auch wenn das nur geschieht, weil er langweilig und zuverlässig wirkt. Außerdem kann er dadurch, dass er seine Wohnung in Mowbray aufgibt, schneller das Geld für ein Schiffsticket nach England zusammenbekommen. Und das Haus – sehr groß und verwinkelt, ein imposantes Gebäude an den unteren Hängen des Bergs, mit dunklen Korridoren und dumpfen, ungenutzten Zimmern – hat einen eigenen Reiz.

Es gibt einen Haken an der Sache. Im ersten Monat wird er das Haus mit Gästen der Familie Howarth teilen müssen, einer Frau aus Neuseeland und ihrer dreijährigen Tochter.

Es stellt sich heraus, dass die Frau aus Neuseeland ebenfalls Trinkerin ist. Kurz nach seinem Einzug kommt sie mitten in der Nacht in sein Zimmer und in sein Bett gewandert. Sie umarmt ihn, drückt sich an ihn, verabreicht ihm feuchte Küsse. Er weiß nicht, was er machen soll. Er mag sie nicht, begehrt sie nicht, ist abgestoßen von ihren schlaffen Lippen, die seinen Mund suchen. Erst durchläuft ihn ein kalter Schauder, dann erfasst ihn Panik. »Nein!«, schreit er. »Geh weg!« Und er rollt sich zu einem Ball zusammen.

Schwankend steigt sie aus seinem Bett. »Mistkerl!«, zischt sie, und fort ist sie.

Bis zum Monatsende teilen sie sich weiter das große Haus, gehen sich aus dem Weg, lauschen auf das Knarren eines Dielenbretts und vermeiden den Blickkontakt, wenn sich zufällig ihre Wege kreuzen. Sie haben sich zum Narren gemacht, aber sie ist wenigstens ein leichtsinniger Narr gewesen, was verzeihlich ist, während er ein verklemmter Stoffel gewesen ist.

Er war noch nie betrunken. Er verabscheut diesen Zustand. Partys verläßt er frühzeitig, um sich das stotternde, dumme Gerede von Leuten, die zu viel getrunken haben, zu ersparen. Seiner Meinung nach sollte die Strafe für betrunkene Autofahrer verdoppelt statt halbiert werden. Aber in Südafrika werden alle unter dem Einfluss von Alkohol begangenen Ausschreitungen milde beurteilt.

Farmer dürfen ihre Arbeiter zu Tode peitschen, wenn sie während der Tat betrunken sind. Hässliche Männer dürfen sich Frauen aufdrängen, hässliche Frauen Annäherungsversuche bei Männern machen; wenn man sich sträubt, ist man ein Spielverderber.

Er hat Henry Miller gelesen. Wenn eine betrunkene Frau in Henry Millers Bett geschlüpft wäre, dann hätte das Ficken und bestimmt auch das Saufen die ganze Nacht gedauert. Wenn Henry Miller nur ein Satyr, ein Ungeheuer mit wahllosem Appetit gewesen wäre, könnte man ihn vergessen. Doch Henry Miller ist ein Künstler, und seine Erzählungen, so haarsträubend und vielleicht voller Lügen sie sein mögen, sind Erzählungen aus einem Künstlerleben. Henry Miller schreibt vom Paris der dreißiger Jahre, einer Stadt der Künstler und der Frauen, die

Künstler liebten. Wenn Frauen sich Henry Miller an den Hals warfen, dann müssen sie, *mutatis mutandis*, dasselbe bei Ezra Pound und Ford Madox Ford und Ernest Hemingway und all den anderen großen Künstlern getan haben, die in jenen Jahren in Paris lebten, mal ganz abgesehen von Pablo Picasso. Und was wird *er* tun, wenn er erst einmal in Paris oder London ist? Wird er weiter darauf bestehen, dass er das Spiel nicht mitmacht?

Zu seinem Abscheu vor Trunkenheit kommt noch sein Abscheu vor Hässlichkeit. Wenn er Villons *Testament* liest, kann er nur daran denken, wie hässlich die *belle heaumière* sich anhört, voller Falten, ungewaschen und aus dem Maul stinkend. Wenn man Künstler sein will, muss man dann die Frauen wahllos lieben? Bringt es ein Künstlerleben mit sich, dass man mit jeder und mit allen schläft, im Namen des Lebens? Wenn man beim Sex wählerisch ist, stößt man dann das Leben zurück?

Eine andere Frage: Was ließ Marie aus Neuseeland zu dem Schluss kommen, dass es sich lohnt, mit ihm zu schlafen? War das nur, weil er vor Ort war, oder hatte sie von Howarth gehört, dass er ein Dichter sei, ein angehender Dichter? Frauen lieben Dichter, weil in ihnen eine Flamme brennt, eine Flamme, die alles, was mit ihr in Berührung kommt, verzehrt, doch paradoxerweise auch erneuert. Als sie zu ihm ins Bett kroch, musste Marie geglaubt haben, die Flamme der Kunst würde sie berühren und sie würde eine unsagbare Ekstase erleben. Stattdessen erlebte sie, wie sie ein Knabe panisch von sich stieß. Bestimmt wird sie sich auf die eine oder andere Art rächen. Bestimmt werden ihre Freunde, die Howarths, in ihrem nächsten Brief eine Version der Ereignisse geliefert bekommen, die ihn als Vollidioten erscheinen lässt.

Er weiß, dass es moralisch verwerflich ist, eine Frau für ihre Hässlichkeit zu verdammen. Aber glücklicherweise müssen Künstler keine moralisch vortrefflichen Menschen sein. Es kommt nur darauf an, dass sie große Kunst schaffen. Wenn bei ihm die Kunst von seiner eher verachtenswerten Seite kommen sollte, dann muss es eben so sein. Blumen gedeihen am besten auf Dunghaufen, wie Shakespeare nicht müde wird zu versichern. Sogar Henry Miller, der sich so unkompliziert gibt, zur Liebe mit jeder Frau bereit, egal welche Figur sie besitzt, hat vielleicht eine dunkle Seite, die er klug genug ist zu verstecken.

Normalen Menschen fällt es schwer, böse zu sein. Wenn normale Menschen Bosheit in sich aufflammen spüren, trinken oder fluchen sie oder sie werden gewalttätig. Bosheit ist für sie wie ein Fieber: sie möchten es aus ihrem System vertreiben, sie möchten wieder zu ihrem normalen Zustand zurückfinden. Doch Künstler müssen mit ihrem Fieber leben, sei es gut- oder bösartig. Das Fieber macht sie zu Künstlern; das Fieber muss am Leben erhalten werden.

Deshalb können Künstler nie ganz von dieser Welt sein: ein Auge muss immer nach innen schauen. Und die Frauen, die sich um die Künstler scharen – ihnen ist nicht ganz zu trauen. Denn wie der Geist des Künstlers sowohl Flamme als auch Fieber ist, so wird die Frau, die sich danach sehnt, von Feuerzungen berührt zu werden, gleichzeitig ihr Bestes tun, um das Fieber zu stillen und den Künstler auf den Boden des Alltags herunterzuziehen. Deshalb muss man Frauen widerstehen, selbst wenn man sie liebt. Sie dürfen nicht so nahe kommen, dass sie die Flamme auslöschen könnten.

Vier

In einer vollkommenen Welt würde er nur mit vollkommenen Frauen schlafen, Frauen mit vollkommener Weiblichkeit, doch mit einer gewissen Dunkelheit in ihrem Kern, die seinem eigenen dunkleren Ich entspricht. Aber eine solche Frau kennt er nicht. Jacqueline – in deren Kern er irgendeine Dunkelheit nicht entdecken konnte – hat ohne Vorwarnung aufgehört, ihn zu besuchen, und er ist so vernünftig, den Grund dafür nicht herausfinden zu wollen. So muss er sich mit anderen Frauen begnügen – eigentlich mit Mädchen, die noch keine Frauen sind und vielleicht gar keinen authentischen Kern haben, oder keinen nennenswerten –, Mädchen, die nur widerwillig mit einem Mann schlafen, weil man sie dazu überredet hat oder weil es die Freundinnen tun und sie nicht zurückbleiben wollen oder weil es manchmal der einzige Weg ist, einen Freund zu halten.

Eine davon schwängert er. Als sie ihm am Telefon die Neuigkeit beibringt, ist er überrascht, fassungslos. Wie hat er ein Mädchen schwängern können? In gewissem Sinn weiß er genau, wie. Ein Missgeschick: Hektik, Durcheinander, Schwierigkeiten, wie sie nie in einem der

Romane, die er liest, auftauchen. Aber gleichzeitig kann er es nicht glauben. Im tiefsten Herzen fühlt er sich nicht älter als acht Jahre, höchstens zehn. Wic kann cin Kind Vater sein?

Vielleicht stimmt es ja nicht, sagt er sich. Vielleicht ist es wie bei einer der Prüfungen, von denen man felsenfest glaubt, sie nicht bestanden zu haben, doch wenn die Ergebnisse bekannt gegeben werden, hat man gar nicht so schlecht abgeschnitten.

Aber so funktioniert das nicht. Ein neuerlicher Anruf. In sachlichem Tonfall berichtet das Mädchen, dass sie beim Arzt gewesen ist. Eine ganz winzige Pause, lang genug, dass er die Eröffnung aufnehmen und sich äußern kann. »Ich stehe zu dir«, könnte er sagen. »Überlass alles mir«, könnte er sagen. Aber wie kann er sagen, dass er zu ihr steht, wenn das, was das *Zu-ihr-Stehen* wirklich bedeutet, ihn mit bösen Vorahnungen erfüllt, wenn er den starken Drang verspürt, das Telefon fallen zu lassen und wegzulaufen?

Die Pause ist vorbei. Sie hat den Namen einer Person, die sich um das Problem kümmern wird, fährt sie fort. Also hat sie einen Termin für morgen vereinbart. Ob er bereit sei, sie zum verabredeten Ort zu fahren und sie hinterher wieder zurückzubringen? Man habe sie nämlich darauf hingewiesen, dass sie nach dem Ereignis nicht fahrtauglich sein werde.

Sie heißt Sarah. Ihre Freunde nennen sie Sally, ein Name, den er nicht mag. Er erinnert ihn an die Liedzeile: »Come down to the sally gardens.« Was zum Teufel sind »sally gardens«? Sie kommt aus Johannesburg, aus einem der Vororte, wo die Leute ihren Sonntag damit verbringen, mit dem Pferd auf ihrem Grundstück herumzugaloppieren und einander »Ist das nicht schön!« zuzurufen, während schwarze Bedienstete mit weißen Handschuhen ihnen Drinks servieren. Ihre Kindheit, in der sie auf Pferden herumgaloppiert und heruntergefallen ist und sich wehgetan, aber nicht geweint hat, hat aus Sarah einen Kumpel gemacht. »Sal ist ein richtiger Kumpel«, kann er ihre Johannesburger Clique sagen hören. Schön ist sie nicht – dafür ist sie zu kräftig gebaut und hat eine zu frische Gesichtsfarbe –, aber sie ist kerngesund. Und sie macht sich nichts vor. Wo nun die Katastrophe da ist, versteckt sie sich nicht in ihrem Zimmer und tut so, als sei nichts. Im Gegenteil, sie hat herausgefunden, was herauszufinden war – wie man in Kapstadt eine Abtreibung machen lassen kann –, und hat das Nötige in die Wege geleitet. Sie hat ihn wirklich beschämt.

In Sarahs Kleinwagen fahren sie nach Woodstock und halten vor einer Reihe identischer Doppelhäuschen. Sie steigt aus und klopft an eine der Türen. Er kann nicht sehen, wer ihr öffnet, aber es muss die Engelmacherin selbst sein. Er stellt sich ihresgleichen als schlampige Frauen mit gefärbtem Haar, dickem Make-up und nicht allzu sauberen Fingernägeln vor. Sie geben dem Mädchen ein Glas Gin pur, lassen sie sich hinlegen und stochern dann mit einem Draht in ihr herum – eine unbeschreibliche Manipulation, bei der Festhaken und Ziehen eine Rolle spielt. Er sitzt im Auto und schaudert. Wer hätte gedacht, dass in einem ganz gewöhnlichen Haus wie diesem, mit Hortensien und Gipszwerg im Garten, solche furchtbaren Dinge geschehen!

Eine halbe Stunde vergeht. Er wird zunehmend nervös. Wird er in der Lage sein zu tun, was man von ihm verlangt?

Dann kommt Sarah heraus, und die Tür schließt sich hinter ihr. Langsam, ganz konzentriert, geht sie auf das Auto zu. Als sie näher kommt, sieht er, dass sie bleich ist und schwitzt. Sie sagt nichts.

Er fährt sie zum großen Haus der Howarths und bringt sie im Schlafzimmer mit Blick über die Table Bay und den Hafen unter. Er bietet ihr Tee an, bietet ihr Suppe an, aber sie will nichts. Sie hat einen Koffer mitgebracht; sie hat eigene Handtücher, eigene Bettwäsche mitgebracht. An alles hat sie gedacht. Er braucht sich bloß in der Nähe aufzuhalten, bereit zu sein, wenn etwas schief geht. Das ist nicht zu viel verlangt.

Sie bittet um ein warmes Handtuch. Er steckt ein Handtuch in den Elektroherd. Beim Herausholen riecht es verbrannt. Als er damit oben angekommen ist, kann man es kaum noch warm nennen. Aber sie legt es sich auf den Bauch, schließt die Augen, und es scheint ihr gut zu tun.

Alle paar Stunden nimmt sie eine der Tabletten, die ihr die Frau gegeben hat, spült mit Wasser nach, ein Glas nach dem anderen. Im Übrigen liegt sie mit geschlossenen Augen da und erträgt den Schmerz. Da sie seinen Ekel spürt, hat sie die Zeugnisse davon, was in ihrem Inneren vor sich geht, vor seinen Augen versteckt: die blutigen Binden und was es sonst noch gibt.

»Wie fühlst du dich?«, fragt er.

»Gut«, murmelt sie.

Er hat keine Ahnung, was er tun soll, wenn sie sich nicht mehr gut fühlt. Abtreibung ist illegal, aber wie illegal? Wenn er einen Arzt riefe, würde der sie bei der Polizei anzeigen?

Er schläft auf einer Matratze neben dem Bett. Als

Krankenpfleger ist er nutzlos, schlimmer als nutzlos. Was er tut, kann man nicht mit Pflegen bezeichnen. Es ist bloß eine Bußübung, eine einfältige und fruchtlose Bußübung.

Am Morgen des dritten Tags erscheint sie unten in der Tür des Arbeitszimmers, bleich und schwankend, aber vollständig angezogen. Sie ist bereit, nach Hause zu gehen, sagt sie.

Er fährt sie zu ihrer Wohnung, mit ihrem Koffer und dem Wäschebeutel, der vermutlich die blutigen Handtücher und Bettlaken enthält. »Möchtest du, dass ich eine Weile bei dir bleibe?«, fragt er. Sie schüttelt den Kopf. »Ich komme schon klar«, sagt sie. Er küsst sie auf die Wange und läuft nach Hause.

Sie hat ihm keine Vorwürfe gemacht, keine Forderungen an ihn gestellt; sie hat sogar die Abtreibung selbst bezahlt. Sie hat ihm wirklich eine Lektion erteilt, wie man sich verhalten soll. Und er – seine Rolle ist unrühmlich gewesen, das kann er nicht leugnen. Die Hilfe, die er ihr geleistet hat, war halbherzig und, schlimmer noch, unzulänglich. Er kann nur hoffen, dass sie die Geschichte keinem Menschen je erzählt.

Seine Gedanken wandern immer wieder zu dem, was in ihr zerstört wurde – dieser Fleischklumpen, dieses gummiartige Männchen. Er sieht, wie die kleine Kreatur im Woodstocker Haus die Toilette hinuntergespült wird, wie sie durch das Labyrinth der Kanalisation trudelt, schließlich ins seichte Wasser ausgestoßen wird, in der plötzlichen Sonne blinzelt, gegen die Wellen kämpft, die es hinaus in die Bucht tragen werden. Er wollte nicht, dass es lebt, und nun will er nicht, dass es stirbt. Doch selbst wenn er zum Strand hinunterliefe, es fände und aus dem Meer rettete, was würde er damit anfangen? Es mit nach Hause nehmen, in Watte warm halten und zum Wachsen bringen? Wie kann er, der noch ein Kind ist, ein Kind aufziehen?

Er hat den Boden unter den Füßen verloren. Er ist selbst kaum in die Welt hinausgetreten, und schon steht ein Tod auf seinem Schuldkonto. Wie viele von den anderen Männern, die er auf der Straße sieht, tragen tote Kinder mit sich herum, die ihnen wie Babyschuhe um den Hals hängen?

Am liebsten würde er Sarah nicht wiedersehen. Wenn er allein bleiben könnte, würde er sich vielleicht erholen, wieder so wie früher werden. Aber sie jetzt im Stich zu lassen wäre zu erbärmlich. Deshalb besucht er sie jeden Tag, sitzt bei ihr und hält eine angemessene Weile ihre Hand. Wenn er nichts zu sagen hat, dann deshalb, weil er nicht den Mut hat zu fragen, was mit ihr geschieht, was in ihr vor sich geht. Ist es wie eine Krankheit, von der sie sich jetzt erholt, oder ist es wie eine Amputation, von der man nie genesen wird? Was ist der Unterschied zwischen einer Abtreibung und einer Fehlgeburt und dem, was in Büchern *ein Kind verlieren* genannt wird? In Büchern schließt sich eine Frau, die ein Kind verliert, von der Welt ab und trauert. Muss Sarah noch eine Zeit der Trauer durchmachen? Und wie steht es mit ihm? Muss auch er trauern? Wie lange trauert man denn so, wenn man trauert? Hat das Trauern einmal ein Ende, und ist man danach derselbe wie vorher; oder trauert man ewig um das kleine Wesen, das in den Wellen vor Woodstock auf und nieder tanzt, wie der kleine Schiffsjunge, der über Bord fiel und nicht vermisst wurde? *Weine, weine!*, ruft der Schiffsjunge, der nicht untergehen will und keine Ruhe findet.

Um mehr Geld aufzutreiben, übernimmt er einen zweiten Nachmittag als Assistent an der Mathemathischen Fakultät. Die Studenten des ersten Studienjahres, die zu ihm kommen, können sowohl Fragen aus dem Bereich der angewandten Mathematik als auch aus dem der reinen Mathematik mitbringen. Da er nur ein Jahr angewandte Mathematik für sich verbuchen kann, ist er seinen Studenten, denen er helfen soll, kaum voraus – jede Woche muss er sich stundenlang vorbereiten.

Wenn er auch von seinen privaten Sorgen ganz in Anspruch genommen wird, so kann ihm doch nicht entgehen, dass das Land rings um ihn in Aufruhr ist. Die Passgesetze, denen die Afrikaner, und nur die Afrikaner, unterworfen sind, werden noch verschärft, und überall brechen Proteste aus. Im Transvaal feuert die Polizei Schüsse in eine Menschenmenge, dann feuert sie in ihrer tollwütigen Art weiter auf die fliehenden Männer, Frauen und Kinder. Das Ganze ekelt ihn von vorn bis hinten an: die Gesetze selbst; die tyrannische Polizei; die Regierung, die die Mörder lautstark verteidigt und die Toten denunziert; und die Presse, die zu eingeschüchtert ist, um frei herauszusagen, was alle mit Augen im Kopf sehen können.

Nach dem Blutbad von Sharpeville ist nichts mehr, wie es vorher war. Sogar in der pazifischen Kap-Provinz gibt es Streiks und Märsche. Wo immer ein Marsch stattfindet, drücken sich am Rande Polizisten mit Gewehren herum und lauern auf einen Vorwand, um zu schießen.

Eines Nachmittags, als er seine Arbeit als Assistent tut, spitzt sich die Lage zu. Der Seminarraum ist ruhig; er wandert von Tisch zu Tisch, kontrolliert, wie die Studenten mit den ihnen zugewiesenen Aufgaben vorankommen, und versucht, denen zu helfen, die Schwierigkeiten haben. Plötzlich wird die Tür aufgerissen. Einer der Dozenten kommt mit großen Schritten herein und pocht auf den Tisch. »Ich bitte um Ihre Aufmerksamkeit!«, ruft er. Seine Stimme bricht vor Aufregung; sein Gesicht ist gerötet. »Legen Sie bitte Ihre Stifte hin und hören Sie mir zu! Eben jetzt findet ein Marsch von Arbeitern auf dem De Waal Drive statt. Aus Sicherheitsgründen bin ich gebeten worden, bekannt zu geben, dass es bis auf weiteres keinem gestattet ist, das Universitätsgelände zu verlassen. Ich wiederhole: Keiner darf den Campus verlassen. Das ist ein Befehl der Polizei. Gibt es Fragen?«

Mindestens eine Frage gibt es, aber das ist nicht die rechte Zeit, um sie zu stellen: Wohin steuert das Land, wenn man nicht einmal ein Mathematikseminar in Ruhe durchführen kann? Und was den Befehl der Polizei angeht – keinen Augenblick lang glaubt er, dass die Polizei den Campus abriegelt, um die Studenten zu schützen. Sie riegeln ihn ab, damit die Studenten dieser berüchtigten Brutstätte linken Gedankenguts sich dem Marsch nicht anschließen, das ist alles.

Das Mathematikseminar fortsetzen zu wollen ist aussichtslos. Gespräche schwirren durch den Raum; die Studenten sind schon dabei, ihre Mappen zu packen und hinauszudrängen, weil sie unbedingt sehen wollen, was los ist.

Er folgt der Menge zur Böschung über dem De Waal Drive. Der Verkehr ist zum Stehen gebracht worden. Die Demonstranten kommen in einer breiten Kolonne, zehn, zwanzig Mann nebeneinander, die Woolsack Road hoch, biegen dann auf die Autobahn ein und marschieren in nördliche Richtung. Es sind fast ausnahmslos Männer, in grauer Kleidung – Overalls, Mäntel aus Armeebeständen,

Wollmützen –, einige haben Stöcke in der Hand, alle marschieren flott, schweigend. Ein Ende des Zuges ist nicht zu sehen. Wenn er in der Haut der Polizisten steckte, hätte er Angst.

»Das ist der PAC«, sagt ein farbiger Student in der Nähe. Seine Augen glänzen, er hat einen starren Blick. Hat er Recht? Woher weiß er das? Gibt es Zeichen, die man kennen sollte? Der PAC ist nicht mit dem ANC zu vergleichen. Er ist bedrohlicher. *Afrika den Afrikanern!*, sagt der PAC. *Werft die Weißen ins Meer!*

Die Kolonne aus Tausenden von Menschen windet sich den Berg herauf. Es sieht zwar nicht wie eine Armee aus, ist aber eine – eine plötzlich aus dem Ödland der Kapebene heraus ins Leben gerufene Armee. Wenn die Männer erst einmal die Stadt erreichen, was werden sie tun? Was es auch ist, es gibt nicht genug Polizisten im Land, um sie aufzuhalten, nicht genug Kugeln, um sie zu töten.

Als er zwölf Jahre alt war, wurde er in einen Bus voller Schulkinder gepfercht und zur Adderley Street gefahren, wo man ihnen orange-weiß-blaue Papierfähnchen in die Hand drückte und sie ermunterte, mit ihnen zu winken, während die Festwagen an ihnen vorbeifuhren (Jan van Riebeeck und seine Frau in der schlichten Tracht der holländischen Bürger; Voortrekker mit Musketen; der stämmige Paul Kruger). Dreihundert Jahre Geschichte, dreihundert Jahre christliche Zivilisation an der Spitze Afrikas, sagten die Politiker in ihren Reden – lasst uns dem Herrn Dank sagen. Jetzt nimmt der Herr vor seinen Augen seine schützende Hand von ihnen. Im Schatten des Berges sieht er zu, wie die Geschichte zurückgespult wird.

Im Schweigen um sich herum spürt er bei diesen adretten, gut gekleideten Produkten der Jungenoberschule von Rondebosch und des Diözesan-Colleges, bei diesen Jugendlichen, die noch vor einer halben Stunde eifrig Vektorwinkel berechneten und von Karrieren als Bauingenieure träumten, dieselbe große Bestürzung. Sie hatten erwartet, ein Spektakel genießen und sich über eine Prozession von Gartenarbeitern lustig machen zu können, nicht den Anblick dieser grimmigen Schar. Der Nachmittag ist für sie verdorben; sie wollen nur noch nach Hause, Coke trinken und ein Sandwich essen und vergessen, was geschehen ist.

Und er? Ihm geht es nicht anders. *Werden morgen noch Schiffe in See stechen?* – nur daran denkt er. *Ich muss hier raus, ehe es zu spät ist!*

Am nächsten Tag, als alles vorbei ist und die Demonstranten nach Hause gegangen sind, finden die Zeitungen Möglichkeiten, darüber zu berichten. *Angestautem Ärger Luft gemacht*, nennen sie es. *Einer von vielen Protestmärschen im ganzen Land im Gefolge von Sharpeville. Entschärft*, so sagen sie, *durch das vernünftige Verhalten (endlich einmal) der Polizei und die Kooperation der Demonstrationsführer. Die Regierung täte gut daran*, sagen sie, *aufzuwachen und das ernst zu nehmen*. So lassen sie das Geschehen zahm erscheinen und machen es zu weniger, als es war. Er lässt sich nicht täuschen. Es genügt ein Signal, und dieselbe Armee von Männern aus den Hütten und Baracken der Kapebene formiert sich blitzschnell, stärker als zuvor, zahlreicher. Und auch bewaffnet, mit Gewehren aus China. Wie kann man hoffen, erfolgreich gegen sie anzutreten, wenn man nicht an das glaubt, wofür man eintritt?

Da ist die Sache mit der Schutztruppe. Als er die Schule verließ, zogen sie nur jeden dritten weißen Jungen zur militärischen Ausbildung ein. Er hatte so viel Glück, nicht auf der Liste zu stehen. Jetzt ändert sich das alles. Es gibt neue Verordnungen. Jederzeit kann er einen Einberufungsbefehl im Briefkasten vorfinden: *Sie haben sich am soundsovielten um 9 Uhr im Kastell einzufinden. Bringen Sie nur Waschzeug mit.* Voortrekkerhoogte, irgendwo im Transvaal, ist das Trainingslager, von dem er am meisten gehört hat. Dorthin schicken sie Wehrpflichtige aus der Kap-Provinz, weit weg von zu Hause, um sie zu brechen. Schon in einer Woche könnte er sich in Voortrekkerhoogte hinter Stacheldraht wiederfinden, mit aggressiven Afrikaanern im Zelt untergebracht, Corned Beef aus Büchsen essend, Johnny Ray oder Springbok Radio hörend. Das würde er nicht aushalten; er würde sich die Pulsadern aufschneiden. Es gibt nur einen Ausweg: fliehen. Aber wie kann er fliehen, ohne sein Examen gemacht zu haben? Das wäre, als würde man zu einer langen Reise aufbrechen, einer Lebensreise, ohne Kleidung, ohne Geld, ohne (der Vergleich kommt nur zögernd) Waffe.

Fünf

Es ist spät, nach Mitternacht. In dem verblichenen blauen Schlafsack, den er aus Südafrika mitgebracht hat, liegt er auf dem Sofa in der Einzimmerwohnung seines Freundes Paul in Belsize Park. Auf der anderen Seite des Raumes hat Paul im richtigen Bett angefangen zu schnarchen. Durch einen Spalt in den Vorhängen flammt der Nachthimmel neonorange mit einem Hauch von Violett. Obwohl er seine Füße mit einem Kissen zugedeckt hat, bleiben sie eiskalt. Egal: er ist in London.

Es gibt zwei, vielleicht drei Orte auf der Welt, wo das Leben mit größter Intensität gelebt werden kann: London, Paris, vielleicht auch Wien. Paris steht an erster Stelle: die Stadt der Liebe, die Stadt der Kunst. Aber um in Paris leben zu können, muss man eine von den vornehmen Schulen besucht haben, in denen Französisch gelehrt wird. Und Wien – Wien ist für die Juden, die zurückkehren, um ihr Erbe zurückzufordern: logischer Positivismus, Zwölftonmusik, Psychoanalyse. Bleibt also noch London, wo Südafrikaner keine Papiere brauchen und die Menschen Englisch sprechen. London mag zwar ein kaltes steinernes Labyrinth sein, aber hinter seinen abweisenden Mauern sind Männer und Frauen damit beschäftigt, Bücher zu schreiben, Gemälde zu malen, Musik zu komponieren. Jeden Tag geht man auf der Straße an ihnen vorüber, ohne ihr Geheimnis zu ahnen, weil es die berühmte und bewundernswerte britische Zurückhaltung gibt.

Als Teilmiete für die Einzimmerwohnung, die aus einem Raum und einer Küchenecke samt Gasherd und Spüle mit Kaltwasseranschluss besteht (Bad und Toilette befinden sich eine Treppe höher und sind für das ganze Haus da), zahlt er Paul zwei Pfund die Woche. Seine gesamten Ersparnisse, die er aus Südafrika mitgebracht hat, betragen 84 Pfund. Er muss sofort eine Arbeit finden.

Er sucht die Geschäftsstelle des Londoner Grafschaftsrats auf und setzt seinen Namen auf eine Liste mit Aushilfslehrern, Lehrer, die bereit sind, bei Bedarf kurzfristig einzuspringen. Man schickt ihn zu einem Vorstellungsgespräch in eine Realschule in Barnet am anderen Ende der Nord-Linie. Er hat einen Hochschulabschluss in Mathematik und Englisch. Der Direktor möchte, dass er Sozialkunde unterrichtet; dazu soll er noch an zwei Nachmittagen in der Woche den Schwimmunterricht beaufsichtigen.

»Aber ich kann nicht schwimmen«, protestiert er.

»Dann werden Sie's eben lernen müssen, was?«, sagt der Direktor.

Er verlässt das Schulgelände mit einem Exemplar des Sozialkundelehrbuchs unterm Arm. Ihm bleibt das Wochenende, um sich auf seinen ersten Unterricht vorzubereiten. Als er am Bahnhof ankommt, verflucht er sich, weil er die Stelle angenommen hat. Aber er ist zu feige, um zurückzugehen und zu erklären, dass er es sich anders überlegt hat. Vom Postamt in Belsize Park schickt er das Buch mit einem kurzen Brief zurück: »Unvorhergesehene Ereignisse machen es mir unmöglich, meine Stelle anzutreten. Ich bitte vielmals um Entschuldigung.«

Eine Annonce im *Guardian* veranlasst ihn, nach Rothamsted zu fahren, der Agrarstation vor den Toren von London, wo Halsted und MacIntyre, Verfasser von *Die Konzeption statistischer Experimente*, einem seiner Hochschullehrbücher, früher gearbeitet haben. Das Vorstellungsgespräch, dem ein Rundgang durch die Gärten und Gewächshäuser der Station vorausgegangen ist, läuft gut für ihn. Die Stelle, für die er sich beworben hat, ist die eines Assistenten. Die Aufgaben eines Assistenten, so erfährt er, bestehen darin, Gitter für Probepflanzungen auszulegen, die Erträge bei verschiedener Behandlung zu registrieren, die Daten dann auf dem Computer der Station auszuwerten, und das alles unter der Anleitung eines Teilprojektleiters. Die eigentliche landwirtschaftliche Arbeit wird von Gärtnern geleistet, die von Agraringenieuren beaufsichtigt werden; man erwartet von ihm nicht, dass er sich die Hände schmutzig macht.

Nach ein paar Tagen kommt ein Brief, der bestätigt, dass ihm die Stelle angeboten wird, bei einem Gehalt von sechshundert Pfund im Jahr. Er kann sich vor Freude kaum fassen. Wenn das kein Coup ist! Arbeit in Rothamsted! Die Leute in Südafrika werden es nicht glauben!

Es gibt einen Haken an der Sache. Der Brief endet: »Unterkunft kann im Dorf oder in der kommunalen Wohnsiedlung beschafft werden.« Er antwortet: Er nehme das Angebot an, würde aber lieber in London wohnen bleiben. Er wird zwischen London und Rothamsted pendeln.

Daraufhin bekommt er einen Anruf von der Personalabteilung. Das Pendeln ist praktisch nicht möglich, wird ihm mitgeteilt. Bei der ihm angebotenen Arbeit handelt es sich nicht um einen Bürojob mit geregelter Arbeitszeit. An manchen Tagen wird er sehr früh mit der Arbeit beginnen müssen; zu anderen Zeiten wird er länger oder übers Wochenende arbeiten müssen. Wie die anderen Mitarbeiter wird er also in Reichweite der Station wohnen müssen. Er möge seinen Standpunkt noch einmal überdenken und seine endgültige Entscheidung mitteilen.

Sein Triumph ist wie fortgeblasen. Welchen Sinn macht dann noch die weite Reise von Kapstadt nach London, wenn er in einer Wohnsiedlung meilenweit vor der Stadt untergebracht werden soll und beim ersten Tageslicht aufstehen muss, um die Höhe von Bohnenpflanzen zu messen? Er möchte in Rothamsted arbeiten, möchte die Mathematik, die er jahrelang gepaukt hat, praktisch anwenden, aber er möchte auch zu Lyriklesungen gehen, Schriftsteller und Maler treffen, sich verlieben. Wie kann er das den Leuten in Rothamsted – Pfeife rauchenden Männern in Tweedjacketts, Frauen mit strähnigen Haaren und Eulenbrillen – begreiflich machen? Wie kann er Worte wie *Liebe* und *Lyrik* in ihrer Gegenwart äußern?

Doch wie kann er das Angebot ablehnen? Er ist ganz nah daran, eine richtige Stelle zu bekommen, und das noch dazu in England. Er braucht nur ein Wort zu sagen – *ja* –, dann kann er seiner Mutter schreiben und die Neuigkeit mitteilen, die sie so gern hören möchte, nämlich dass ihr Sohn ein gutes Gehalt mit einer respektablen Arbeit verdient. Dann wird wiederum sie die Schwestern seines Vaters anrufen und verkünden können: »John arbeitet als Wissenschaftler in England.« *Das* wird ihrem Kritteln und Spotten ein Ende machen. Wissenschaftler – was könnte solider sein?

Etwas Solides hat ihm immer gefehlt. Das ist seine Achillesferse. An Klugheit mangelt es ihm nicht (obwohl er nicht so klug ist, wie seine Mutter glaubt und wie er selbst einmal angenommen hat); solide ist er nie gewesen. Was Rothamsted ihm geben würde, wäre, wenn nicht eine gewisse Solidität, nicht gleich, dann wenigstens ein Titel, ein Büro, eine Hülle. Assistent, dann eines Tages wissenschaftlicher Mitarbeiter, Projektleiter: Bestimmt wird es ihm möglich sein, hinter einem so hochrespektablen Schutzschirm, privat, insgeheim, weiter daran zu arbeiten, Erfahrung in Kunst zu verwandeln – die Arbeit, für die er auf der Welt ist.

Das spricht für die Agrarstation. Gegen die Agrarstation spricht, dass sie nicht in London, der romantisch verklärten Stadt, ist.

Er schickt einen Brief nach Rothamsted. Nach reiflicher Überlegung, schreibt er, und unter Berücksichtigung aller Umstände halte er es für das Beste, von der Bewerbung Abstand zu nehmen.

Die Zeitungen sind voller Stellenangebote für Programmierer. Ein Hochschulabschluss in einem naturwissenschaftlichen Fach ist erwünscht, wird aber nicht vorausgesetzt. Vom Programmieren hat er gehört, ohne eine klare Vorstellung davon zu haben. Einen Computer hat er nie gesehen, außer in Cartoons, wo Computer als kastenförmige Objekte erscheinen, die Papierstreifen ausspucken. Seines Wissens gibt es keine Computer in Südafrika.

Er antwortet auf die Annonce von IBM, da IBM die größte und beste Firma ist, und geht im schwarzen Anzug, den er vor seiner Abreise in Kapstadt gekauft hat, zum Vorstellungsgespräch. Der Gesprächsleiter von IBM, ein Mann in den Dreißigern, trägt selbst einen schwarzen Anzug, allerdings von eleganterem, schlankerem Zuschnitt.

Als Erstes möchte sein Gegenüber wissen, ob er Südafrika für immer den Rücken gekehrt hat.

Er bestätigt das.

Sein Gegenüber fragt, warum?

»Weil das Land auf eine Revolution zusteuert«, antwortet er.

Schweigen. *Revolution*: vielleicht nicht das richtige Wort in den Hallen von IBM.

»Und wann würde Ihrer Einschätzung nach diese Revolution stattfinden?«, fragt sein Gegenüber.

Er hat seine Antwort parat. »In fünf Jahren.« Das haben alle gesagt, nach Sharpeville. Sharpeville hat den Anfang vom Ende des weißen Regimes signalisiert, des *zunehmend zum Äußersten entschlossenen* weißen Regimes.

Nach dem Gespräch bekommt er einen IQ-Test. IQ-Tests hat er immer gern gemacht, hat immer gut dabei abgeschnitten. Im Allgemeinen ist er bei Tests, Quiz und Prüfungen besser als im wirklichen Leben.

Es dauert nur wenige Tage, dann bietet ihm IBM eine Praktikantenstelle als Programmierer an. Wenn er im Ausbildungskurs gut abschneidet und dann die Probezeit besteht, wird er zunächst richtiger Programmierer und eines Tages leitender Programmierer. Seine Karriere wird in IBMs Daten verarbeitendem Büro in der Newman Street, einer Nebenstraße der Oxford Street mitten im West End, starten. Die Arbeitszeit ist von neun bis fünf. Sein Anfangsgehalt beträgt 700 Pfund im Jahr.

Ohne Zögern erklärt er sich mit den Bedingungen einverstanden.

Am selben Tag kommt er in der Londoner U-Bahn an einem Plakat mit einem Stellenangebot vorbei. Bewerbungen für die Ausbildungsstelle eines Stationsvorstehers mit einem Jahresgehalt von 700 Pfund werden erbeten. Mindestanforderung: ein Schulabschluss. Mindestalter: einundzwanzig.

Er fragt sich: Werden in England alle Stellen gleich bezahlt? Wenn es so ist, warum sollte man dann einen Hochschulabschluss haben?

An seinem Programmierkurs nehmen noch zwei andere Praktikanten teil – ein recht attraktives Mädchen aus Neuseeland und ein junger Londoner mit pickligem Gesicht – und etwa ein Dutzend IBM-Kunden, Geschäftsleute. Eigentlich müsste er der Beste der Gruppe sein, er und vielleicht noch das Mädchen aus Neuseeland, die auch ein Mathematikdiplom hat; aber in Wirklichkeit hat er Mühe zu folgen und schneidet in den schriftlichen Übungen schlecht ab. Am Ende der ersten Woche schreiben sie einen Test, den er mit Hängen und Würgen besteht. Der Ausbilder ist nicht zufrieden mit ihm und zögert nicht, sein Missvergnügen zu äußern. Er ist in der Geschäftswelt, und in der Geschäftswelt muss man nicht höflich sein, stellt er fest.

Für ihn hat das Programmieren etwas Irritierendes, doch nicht einmal die Geschäftsleute in seinem Kurs haben Probleme damit. In seiner Naivität hatte er sich vorgestellt, dass das Programmieren von Computern damit zu tun hätte, wie man symbolische Logik und Mengenlehre in digitale Codes umsetzt. Stattdessen geht es die ganze Zeit um Warenbestand und Geldabfluss, um Kunde A und Kunde B. Was ist Warenbestand und Geldabfluss, und was hat das mit Mathematik zu tun? Ebenso gut könnte er als Büroangestellter Karteikarten sortieren; ebenso gut könnte er die Ausbildungsstelle als Stationsvorsteher besetzen.

Am Ende der dritten Woche schreibt er den Abschlusstest, besteht ihn mit mäßigem Erfolg und qualifiziert sich für die Newman Street, wo ihm in einem Raum mit neun anderen jungen Programmierern ein Schreibtisch zugewiesen wird. Das gesamte Mobiliar im Büro ist grau. Im Schreibtischkasten findet er Papier, ein Lineal, Bleistifte, einen Bleistiftspitzer und einen kleinen Terminkalender mit schwarzer Plastikhülle. Auf der Hülle steht mit dicken Großbuchstaben THINK. Auf dem Schreibtisch des Büroleiters, in seiner vom Hauptbüroraum abgetrennten Kabine, befindet sich ein Schild, auf dem THINK steht. THINK ist das Motto von IBM. Das Besondere an IBM, wird ihm bedeutet, ist sein unablässiges Engagement für das Denken. Für die Mitarbeiter schickt es sich, jederzeit zu denken und so dem Ideal des IBM-Gründers Thomas J. Watson gerecht zu werden. Mitarbeiter, die nicht denken, gehören nicht zu IBM, dem Aristokraten der Wirtschaftscomputerwelt. An seinem Hauptstandort in White Plains, New York, hat IBM Labors, in denen mehr bahnbrechende Forschung auf dem Gebiet der Informatik betrieben wird als in allen Universitäten der Welt zusammen. Die Wissenschaftler in White Plains werden besser bezahlt als Universitätsprofessoren, und sie haben alles zur Verfügung, was sie möglicherweise brauchen könnten. Als Gegenleistung müssen sie lediglich denken.

Obwohl die Arbeitszeit im Büro in der Newman Street

von neun bis fünf geht, stellt er bald fest, dass man es nicht gern sieht, wenn männliche Mitarbeiter das Gebäude pünktlich um fünf verlassen. Weibliche Mitarbeiter mit Familien, die sie versorgen müssen, können ungetadelt um fünf gehen; von Männern erwartet man, dass sie mindestens bis sechs arbeiten. Wenn es Eilaufträge gibt, müssen sie vielleicht die Nacht durcharbeiten, mit einer Pause, um im Pub einen Happen zu essen. Da er Pubs nicht mag, arbeitet er einfach durch. Selten kommt er vor zehn nach Hause.

Er ist in England, in London; er hat Arbeit, richtige Arbeit, besser als bloßes Unterrichten, und er bekommt ein Gehalt dafür. Er ist Südafrika entkommen. Alles geht gut, sein erstes Ziel hat er erreicht, er sollte froh sein. In Wirklichkeit fühlt er sich, während die Wochen ins Land gehen, immer elender. Panik ergreift ihn manchmal unvermittelt, und er kann sich nur mühsam wieder fassen. Im Büro gibt es keinen Ruhepunkt für das Auge, nur glatte Metalloberflächen. Unter dem schattenlos grellen Neonlicht fühlt er sich im Innersten bedroht. Dem Gebäude, ein charakterloser Würfel aus Beton und Glas, entströmt offenbar ein Gas, geruchlos, farblos, das in sein Blut gelangt und ihn betäubt. IBM, das kann er beschwören, ist dabei, ihn umzubringen, ihn in einen Zombie zu verwandeln.

Aber er kann nicht aufgeben. Die Realschule in Barnet Hill, Rothamsted, IBM – ein drittes Mal darf er einfach nicht versagen. Als Versager würde er seinem Vater zu sehr gleichen. Die reale Welt prüft ihn durch die graue, herzlose Geschäftsstelle von IBM. Er muss allen Mut zusammennehmen, um durchzuhalten.

Sechs

Seine Erholung von IBM ist das Kino. Im Everyman in Hampstead werden ihm die Augen geöffnet für Filme aus aller Welt, von Regisseuren produziert, deren Namen für ihn ganz neu sind. Er schaut sich eine gesamte Antonioni-Reihe an. In einem Film mit dem Titel *L'Eclisse* wandert eine Frau unter einer gnadenlosen Sonne durch die Straßen einer verlassenen Stadt. Die Frau ist voller Unruhe, voller Qual. Was sie quält, kann er nicht so recht ausmachen; ihr Gesicht verrät nichts.

Die Frau ist Monica Vitti. Mit ihren tadellosen Beinen und sinnlichen Lippen und dem abwesenden Blick geht ihm Monica Vitti nicht mehr aus dem Sinn; er verliebt sich in sie. Er hat Träume, in denen er, von allen Männern in der Welt, ausgewählt wird, um ihr Trost und Halt zu sein. Es klopft an der Tür. Vor ihm steht Monica Vitti, einen Finger an die Lippen gelegt, um Schweigen anzumahnen. Er macht einen Schritt nach vorn, schließt sie in die Arme. Die Zeit versinkt; er und Monica Vitti verschmelzen.

Aber ist er wirklich der Liebhaber, den Monica Vitti sucht? Wird er besser als die Männer in ihren Filmen ihre

Qual stillen? Er ist sich nicht sicher. Selbst wenn er für sie beide ein Zimmer fände, eine geheime Zuflucht in einem ruhigen, nebligen Viertel von London, würde sie immer noch, vermutet er, um drei Uhr früh aus dem Bett schlüpfen und am Tisch unter dem Schein einer einsamen Lampe sitzen, grübelnd, quälerisch.

Die Qual, die Monica Vitti und andere Antonioni-Charaktere niederdrückt, ist von einer ihm völlig unbekannten Art. Eigentlich ist es gar keine Qual, sondern etwas Tieferes: Existenzangst. Er hätte gern eine Kostprobe dieser Existenzangst, nur um zu wissen, wie das ist. Aber sosehr er sich auch bemüht, er kann in seinem Inneren nichts entdecken, was er als Existenzangst erkennen kann. Diese Angst scheint eine europäische, eine ganz und gar europäische Angelegenheit zu sein; sie muss den Weg nach England erst finden, ganz zu schweigen von Englands Kolonien.

In einem Artikel im *Observer* wird die Existenzangst im europäischen Film auf die Furcht vor der nuklearen Vernichtung zurückgeführt; auch auf die Unsicherheit, die dem Tod Gottes folgt. Das überzeugt ihn nicht. Er kann nicht glauben, dass das, was Monica Vitti auf die Straßen von Palermo unter den zornigen roten Sonnenball treibt, wo sie doch ebenso gut in der Kühle des Hotelzimmers bleiben und sich von einem Mann lieben lassen könnte, die Wasserstoffbombe ist oder die Tatsache, dass Gott nicht zu ihr sprechen will. Wie die wahre Erklärung auch lauten mag, es muss etwas Komplizierteres sein.

Die Existenzangst zermürbt auch Bergmans Menschen. Sie ist die Ursache für ihre hoffnungslose Einsamkeit. Im Hinblick auf Bergmans Angst empfiehlt der *Observer* jedoch, sie nicht allzu ernst zu nehmen. Sie mutet ein wenig prätentiös an, sagt der *Observer*; sie ist eine Marotte, die etwas mit den langen Wintern im Norden zu tun hat, mit durchzechten Nächten, dem Kater danach.

Sogar als liberal geltende Zeitungen – der *Guardian*, der *Observer* – haben, wie er allmählich merkt, dem Geistesleben gegenüber eine feindselige Einstellung. Konfrontiert mit etwas Tiefsinnigem und Ernsthaftem, sind sie schnell dabei zu höhnen, es mit einer superklugen Bemerkung abzutun. Nur in Nischen wie dem Dritten Programm wird die neue Kunst – amerikanische Lyrik, elektronische Musik, abstrakter Expressionismus – ernst genommen. Das moderne England entpuppt sich als beunruhigend banausisches Land, kaum anders als das England von W. H. Henley und den *Pomp-and-Circumstance*-Märschen, wogegen Ezra Pound 1912 gewettert hat.

Was hat er dann in England zu suchen? War es ein großer Fehler, hierher zu kommen? Ist es zu spät für einen Ortswechsel? Würde ihm Paris, die Stadt der Künstler, mehr zusagen, wenn er irgendwie mit Französisch klarkäme? Und was ist mit Stockholm? Geistig würde er sich in Stockholm zu Hause fühlen, vermutet er. Aber was ist mit Schwedisch? Und womit soll er denn seinen Lebensunterhalt verdienen?

Bei IBM muss er seine Phantasien von Monica Vitti für sich behalten, und seine sonstigen künstlerischen Ambitionen auch. Aus für ihn unerfindlichen Gründen hat ihn ein Kollege namens Bill Briggs zum Kumpel erkoren. Bill Briggs ist klein und pickelig; er hat eine Freundin namens Cynthia, die er heiraten wird; er möchte bald eine Anzahlung auf ein Reihenhaus in Wimbledon leisten. Während die anderen Programmierer mit untadeligem Oberschulakzent sprechen und den Tag damit beginnen, im *Telegraph* die Finanzseiten aufzuschlagen, um die Aktienkurse zu studieren, hat Bill Briggs einen ausgeprägten Londoner Akzent und deponiert sein Geld bei einer Bausparkasse.

Es gibt trotz seiner sozialen Herkunft keinen Grund, warum Bill Briggs bei IBM keinen Erfolg haben sollte. IBM ist eine amerikanische Firma, die kein Verständnis für die britische Klassenhierarchie hat. Das ist die Stärke von IBM: verschiedenste Menschen können es bis ganz nach oben schaffen, weil für IBM nur Loyalität und harte, konzentrierte Arbeit zählen. Bill Briggs arbeitet hart, und seine Loyalität IBM gegenüber ist bedingungslos. Außerdem scheint Bill Briggs die größeren Ziele von IBM und seinem Daten verarbeitenden Zentrum in der Newman Street zu verstehen, was mehr ist, als man von ihm behaupten kann.

IBM-Mitarbeiter bekommen Hefte mit Essenbons. Für einen Bon im Wert von drei Shilling sechs Pence kann man eine recht anständige Mahlzeit bekommen. Er selbst tendiert zur Lyons Brasserie in der Tottenham Court Road, wo man sich, sooft man will, an der Salatbar bedienen kann. Aber Schmidt's in der Charlotte Street ist das Stammlokal der IBM-Programmierer. Also geht er mit Bill Briggs zu Schmidt's und isst Wiener Schnitzel oder Hasenpfeffer. Zur Abwechslung gehen sie manchmal ins Athena in der Goodge Street und bestellen Moussaka. Nach dem Essen machen sie einen kurzen Bummel durch die Straßen, ehe sie an ihre Schreibtische zurückkehren.

Bill Briggs und er sind stillschweigend übereingekommen, gewisse Themen bei ihren Gesprächen auszusparen, und der Katalog dieser Themen ist so umfassend, dass es ihn überrascht, wenn überhaupt etwas übrig bleibt. Sie sprechen nicht über ihre Wünsche oder höheren Ziele. Sie schweigen sich über ihr Privatleben aus, über ihre Familien und ihre Erziehung, über Politik und Religion und Kunst. Fußball wäre ein akzeptables Thema, nur weiß er nichts über englische Klubs. Es bleibt ihnen noch das Wetter, Streiks bei der Bahn, Immobilienpreise und IBM: IBMs Pläne für die Zukunft, IBMs Kunden und die Pläne jener Kunden, wer was bei IBM gesagt hat.

Das macht die Unterhaltung öde, aber es gibt eine Kehrseite. Vor knapp zwei Monaten ist er als unwissender Provinzmensch an den Southampton Docks im Nieselregen an Land gegangen. Jetzt ist er hier im Herzen von London in seiner schwarzen Bürouniform von allen anderen Londoner Angestellten nicht zu unterscheiden, tauscht Meinungen über Alltägliches mit einem Vollblut-Londoner aus und beachtet dabei erfolgreich alle Konversationsgepflogenheiten. Wenn er weiter Fortschritte macht und sich bei den Vokalen Mühe gibt, wird bald keiner mehr einen zweiten Blick für ihn übrig haben. In einer Menschenmenge wird er als Londoner durchgehen, vielleicht irgendwann einmal auch als Engländer.

Da er jetzt ein Einkommen hat, kann er sich in einer Seitenstraße der Archway Road in Nordlondon ein eigenes Zimmer mieten. Es ist im zweiten Stock, und von seinem Fenster blickt man auf ein großes Wasserbecken. Es gibt einen Gasofen und eine Küchennische mit Gasherd und Regalen für Nahrungsmittel und Geschirr. In einer Ecke befindet sich die Gasuhr: Man steckt einen

Shilling hinein und bekommt für einen Shilling Gas geliefert.

Sein Speiseplan ist immer gleich: Äpfel, Hafergrütze, Brot und Käse und würzige Würstchen, die Chipolatas heißen, die er auf dem Herd brät. Er zieht die Chipolatas richtigen Würstchen vor, weil man sie nicht im Kühlschrank aufbewahren muss. Sie geben beim Braten auch kein Fett von sich. Er vermutet, dass dem gehackten Fleisch viel Kartoffelmehl beigemischt wurde. Aber Kartoffelmehl schadet ja nicht.

Da er zeitig aus dem Haus geht und spät zurückkommt, bekommt er die anderen Hausbewohner selten zu sehen. Bald entwickelt sich eine Routine. Die Samstage verbringt er in Buchhandlungen, Galerien, Museen, Kinos. Sonntags liest er in seinem Zimmer den *Observer*, geht dann ins Kino oder macht einen Spaziergang in der Hampstead Heath.

Die Abende an den Wochenenden sind am schlimmsten. Dann verschlingt ihn die Einsamkeit, die er sonst im Zaum halten kann, eine Einsamkeit, die ununterscheidbar ist vom miesen grauen, nassen Londoner Wetter oder von der unbarmherzigen Kälte der Bürgersteige. Er spürt, wie sein Gesicht steif und blöd vor Stummheit wird; sogar IBM und die formelhaft gewechselten Worte dort sind besser als dieses Schweigen.

Er hat die Hoffnung, dass aus der gesichtslosen Menge, in der er sich bewegt, eine Frau heraustritt, die seinen Blick erwidert, wortlos an seine Seite gleitet, mit ihm zurückkehrt in seine Einzimmerwohnung (immer noch wortlos – was könnten sie als Erstes sagen? –, es ist unvorstellbar), ihn liebt, in der Dunkelheit verschwindet, am nächsten Abend wiederkehrt (er sitzt über seinen Büchern, es klopft an der Tür), ihn wieder umarmt, wieder Schlag Mitternacht verschwindet, und so weiter, dadurch sein Leben verwandelt und einen Sturzbach von aufgestauten Versen nach dem Vorbild von Rilkes *Sonetten an Orpheus* auslöst.

Von der Universität Kapstadt kommt ein Brief. Darin steht, dass ihm aufgrund seines ausgezeichneten Examens ein Stipendium von zweihundert Pfund für ein postgraduales Studium zugesprochen wurde.

Das ist ein zu geringer, viel zu geringer Betrag, um ihm zu gestatten, sich an einer englischen Universität einzuschreiben. Und überhaupt, wo er jetzt eine Stelle gefunden hat, fällt ihm nicht im Traume ein, sie aufzugeben. Wenn er das Stipendium nicht ausschlagen will, gibt es nur eine Möglichkeit: sich an der Universität von Kapstadt als externer Magisterstudent einzuschreiben. Er füllt das Einschreibeformular aus. Unter »Hauptstudiengebiet« schreibt er nach reiflicher Überlegung »Literatur«. Es wäre nett, dort »Mathematik« anzugeben, die Wahrheit ist jedoch, dass er nicht klug genug für ein weiterführendes Mathematikstudium ist. Literatur ist vielleicht nicht so edel wie Mathematik, aber die Literatur hat für ihn wenigstens nichts Einschüchterndes. Er spielt mit der Idee, als Forschungsthema die *Cantos* von Ezra Pound vorzuschlagen, entscheidet sich aber am Ende für die Romane von Ford Madox Ford. Um Ford zu lesen, braucht man wenigstens kein Chinesisch zu können.

Ford, geborener Hueffer, Enkel des Malers Ford Madox Brown, veröffentlichte sein erstes Buch 1891 mit achtzehn Jahren. Ab da verdiente er sein Brot allein mit literarischen Arbeiten. Pound nannte ihn den größten Prosastilisten seiner Zeit und kritisierte die literarische

Öffentlichkeit in England aufs schärfste, weil sie ihn nicht beachtete. Er selbst hat bisher fünf von Fords Romanen gelesen – *The Good Soldier* (Die allertraurigste Geschichte) und die vier Bücher, aus denen *Parade's End* (Ende der Parade) besteht –, und er ist davon überzeugt, dass Pound Recht hat. Ihn beeindruckt die komplizierte, gestaffelte Handlungschronologie bei Ford, die Raffinesse, mit der ein Ton wie zufällig angeschlagen und ganz natürlich wiederholt wird, um sich dann Kapitel später als Hauptmotiv zu erweisen. Ihn rührt auch die Liebe zwischen Christopher Tietjens und der viel jüngeren Valentine Wannop, eine Liebe, die Tietjens körperlich nicht vollzieht, obwohl Valentine dazu bereit ist, weil (sagt Tietjens) ein Mann nicht herumzieht und Jungfrauen defloriert. Tietjens' Ethos des lakonischen Anstands erscheint ihm als außerordentlich bewundernswert, als Quintessenz der englischen Wesensart.

Wenn Ford fünf solche Meisterwerke schreiben konnte, sagt er sich, muss es doch weitere, noch unentdeckte Meisterwerke in seinem umfangreichen und gerade erst katalogisierten Gesamtwerk geben, Meisterwerke, zu deren Popularisierung er beitragen kann. Er macht sich sofort an die Lektüre von Fords Œuvre und verbringt ganze Samstage im Lesesaal des British Museum, dazu noch die zwei Abende in der Woche, an denen der Lesesaal bis in die späten Stunden geöffnet ist. Obwohl sich herausstellt, dass die frühen Werke enttäuschend sind, macht er weiter und entschuldigt Ford damit, dass er wohl damals sein Handwerk erst noch lernen musste.

Eines Samstags kommt er mit der Leserin am Pult nebenan ins Gespräch, und sie trinken zusammen Tee im Museumscafé. Sie heißt Anna; sie stammt aus Polen und hat noch immer einen schwachen Akzent. Sie arbeitet in der Forschung, und Bibliotheksbesuche gehören zu ihren Aufgaben. Zurzeit sammelt sie Material für eine Biographie John Spekes, dem Entdecker der Nilquelle. Er seinerseits erzählt ihr von Ford und Fords Zusammenarbeit mit Joseph Conrad. Sie sprechen über Conrads Zeit in Afrika, über seine Kindheit und Jugend in Polen und sein späteres Streben, englischer Gutsherr zu werden.

Während sie sich unterhalten, fragt er sich: Ist das ein Omen, dass er im Lesesaal des British Museum beim Studium von F. M. Ford eine Landsmännin Conrads trifft? Ist Anna die ihm Bestimmte? Sie ist gewiss keine Schönheit: sie ist älter als er; ihr Gesicht ist knochig, sogar hager; sie trägt praktische flache Schuhe und einen formlosen grauen Rock. Aber wer sagt denn, dass er etwas Besseres verdient?

Er ist kurz davor, sie einzuladen, vielleicht ins Kino; aber der Mut verlässt ihn. Was, wenn er sich nun erklärt hat und es funkt trotzdem nicht? Wie würde er sich ohne Blamage herauswinden?

Es gibt andere regelmäßige Besucher des Lesesaals, die vermutlich genauso einsam sind wie er. Ein Inder mit pockennarbigem Gesicht zum Beispiel, von dem ein Geruch nach Furunkeln und alten Verbänden ausgeht. Jedes Mal wenn er auf die Toilette geht, scheint ihm der Inder zu folgen und ihn ansprechen zu wollen, es dann aber nicht über sich zu bringen.

Schließlich spricht der Mann, als sie eines Tages nebeneinander am Waschbecken stehen. Ob er vom King's College komme?, fragt der Mann steif. Nein, antwortet er, von der Kapstädter Universität. Ob er gern Tee trinken würde?, fragt der Mann.

Sie sitzen zusammen im Café; der Mann hebt zu einem langen Bericht über seine Forschung an, die sich mit der sozialen Zusammensetzung der Zuschauer im Globe-Theater beschäftigt. Obwohl er nicht besonders interessiert ist, versucht er zuzuhören, so gut er kann.

Das Geistesleben, denkt er bei sich, haben wir uns dem verschrieben, ich und diese anderen einsamen Wanderer in den Eingeweiden des British Museum? Werden wir eines Tages dafür belohnt werden? Wird die Einsamkeit von uns weichen, oder ist das Geistesleben an sich schon Belohnung genug?

Sieben

Es ist drei Uhr an einem Samstagnachmittag. Er sitzt im Lesesaal, seit dieser geöffnet hat, und liest Fords *Mr. Humpty Dumpty*, einen so ermüdenden Roman, dass er kämpfen muss, um wach zu bleiben.

Bald wird der Lesesaal für diesen Tag schließen, das ganze große Museum wird schließen. Sonntags ist der Lesesaal nicht geöffnet; bis zum nächsten Samstag wird er nur die eine oder andere Stunde, die er sich abends nimmt, zum Lesen kommen. Sollte er sich weiter bis zur Schließzeit durchkämpfen, obwohl er aus dem Gähnen gar nicht mehr herauskommt? Was soll das Ganze überhaupt? Was nützt es einem Programmierer, wenn Programmieren sein Lebensinhalt sein soll, den Magister in Literatur zu haben? Und wo sind die ungewürdigten Meisterwerke, die er entdecken wollte? *Mr. Humpty Dumpty* ist bestimmt keins davon. Er klappt das Buch zu, packt zusammen.

Draußen schwindet schon das Tageslicht. Er trottet die Great Russell Street hinauf zur Tottenham Court Road, dann Richtung Süden zum Charing Cross. Die Menschenmenge auf den Bürgersteigen besteht größtenteils aus jungen Leuten. Genau genommen ist er ihr Altersgenosse, aber so fühlt er sich nicht. Er fühlt sich älter, vorzeitig gealtert – wie einer dieser blutleeren, erschöpften Wissenschaftler mit der hohen Stirn und einer Haut, die bei der leisesten Berührung schuppt. Im tieferen Sinne aber ist er noch ein Kind, das seinen Platz in der Welt nicht kennt, ängstlich, unentschlossen. Was macht er denn in dieser großen, kalten Stadt, wo man, nur um am Leben zu bleiben, sich die ganze Zeit zusammenreißen und versuchen muss, nicht abzustürzen?

Die Buchhandlungen in der Charing Cross Road sind bis sechs Uhr geöffnet. Danach wird er in der Menge der samstagabendlichen Vergnügungssüchtigen mitschwimmen. Eine Weile lang kann er sich treiben lassen und vorgeben, auch er suche das Vergnügen, vorgeben, er wisse, wohin er wolle, wen er treffen wolle; aber endlich wird er aufgeben und die U-Bahn zurück zur Archway Station und zur Einsamkeit seines Zimmers nehmen müssen.

Foyles, die Buchhandlung, die sich einen Namen bis ins ferne Kapstadt gemacht hat, ist eine Enttäuschung gewesen. Die kühne Behauptung, dass Foyles jedes gedruckte Buch am Lager hat, ist eine klare Lüge, und die Verkäufer, meist jünger als er selbst, wissen sowieso nicht, wo etwas zu finden ist. Er geht lieber zu Dillons, wenn dort die Anordnung der Bücher in den Regalen auch ziemlich zufällig ist. Er versucht, jede Woche einmal vorbeizuschauen, um zu sehen, was es Neues gibt.

Unter den Zeitschriften, auf die er bei Dillons stößt, ist auch *The African Communist*. Er hat davon gehört, die Zeitschrift aber bisher noch nie zu Gesicht bekommen, weil sie in Südafrika verboten ist. Zu seiner Überraschung stellt sich heraus, dass einige der Mitarbeiter

Gleichaltrige aus Kapstadt sind – Kommilitonen von der Sorte, die den Tag verschliefen und abends zu Partys gingen, sich betranken, ihren Eltern auf der Tasche lagen, durch Prüfungen fielen, fünf Jahre für ein dreijähriges Studium brauchten. Doch hier schreiben sie zuverlässig klingende Artikel über die Wanderarbeiter-Wirtschaft oder über Aufstände in der ländlichen Transkei. Wo haben sie bei all dem Tanzen und Trinken, bei ihrem ausschweifenden Leben Zeit gefunden, sich Kenntnisse über solche Dinge anzueignen?

Aber eigentlich besucht er Dillons wegen der Lyrik-Zeitschriften. Hinter der Eingangstür liegt ein unordentlicher Stoß davon: *Ambit* und *Agenda* und *Pawn*; mit Matrize vervielfältigte Blätter aus abgelegenen Orten wie Keele; einzelne Exemplare, längst veraltet, von Zeitschriften aus Amerika. Er kauft jeweils eine Nummer und nimmt den Stapel mit nach Hause, wo er die Blätter durchforstet und dabei herauszufinden versucht, wer was schreibt, wo er sich einfügen würde, wenn er den Versuch machen würde zu veröffentlichen.

Die britischen Zeitschriften werden beherrscht von bestürzend anspruchslosen Gedichtchen über alltägliche Gedanken und Erlebnisse, Gedichte, bei denen man vor fünfzig Jahren nicht mal die Augenbraue in die Höhe gezogen hätte. Wo bleibt der Ehrgeiz der Dichter hier in Großbritannien? Haben sie nichts gelernt von Pound und Eliot, ganz zu schweigen von Baudelaire und Rimbaud, den griechischen Epigrammatikern, den Chinesen?

Aber vielleicht ist er zu voreilig mit seinem Urteil über die Briten. Vielleicht liest er die falschen Zeitschriften; vielleicht gibt es andere, kühnere Publikationen, die ihren Weg nicht zu Dillons finden. Oder vielleicht gibt es einen Kreis kreativer Geister, die das vorherrschende kulturelle Klima so pessimistisch beurteilen, dass sie es nicht der Mühe wert finden, solche Buchhandlungen wie Dillons mit den Zeitschriften, in denen sie veröffentlichen, zu versorgen. *Botthege Oscure* zum Beispiel – wo kann man *Botthege Oscure* kaufen? Wenn solche aufgeklärten Zirkel existieren, wo bekommt er Informationen darüber, wie kann er sich Zutritt verschaffen?

Und was sein eigenes Schreiben betrifft, so möchte er hoffen, dass er, sollte er morgen sterben, eine Hand voll Gedichte hinterlässt, die dann von irgendeinem selbstlosen Wissenschaftler herausgegeben werden und privat gebunden als nette kleine Duodezschrift erscheinen, und die Leute würden dann kopfschüttelnd vor sich hin murmeln: »Wie vielversprechend! Wie jammerschade!« Das ist seine Hoffnung. Die Wahrheit ist jedoch, dass die Gedichte, die er schreibt, nicht nur immer kürzer werden, sondern – wie er leider feststellen muss – auch immer substanzloser. Es scheint ihm nicht mehr gegeben zu sein, Lyrik von der Art zu produzieren, wie er sie mit siebzehn oder achtzehn schrieb, Werke, die manchmal seitenlang waren, weitschweifig, stellenweise unbeholfen, doch trotzdem kühn, innovativ. Diese Gedichte, oder die meisten von ihnen, entsprangen einem Zustand des qualvollen Verliebtseins und auch der Flut von Lesestoff, den er sich einverleibte. Jetzt, vier Jahre später, ist er immer noch voller Qual, doch seine Qual ist notorisch, sogar chronisch, wie Kopfschmerzen, die nicht weichen wollen. Die Gedichte, die er schreibt, sind ironische Werklein, *Kleinigkeiten* in jedem Sinn. Ganz gleich, welches lyrische Subjekt sie haben, er selbst – gefangen, einsam, elend – steht in ihrem Mittelpunkt; und doch – das kann er nicht übersehen – mangelt es diesen neuen Gedichten an Kraft oder selbst am Willen, die Sackgasse, in der er mental steckt, ernsthaft zu erkunden.

Ja, er ist ständig erschöpft. An seinem Schreibtisch mit der grauen Oberfläche im großen IBM-Büro wird er von Gähnattacken übermannt, die er zu unterdrücken sucht; im British Museum verschwimmen die Worte vor seinen Augen. Er möchte nur den Kopf auf die Arme sinken lassen und schlafen.

Doch er kann nicht akzeptieren, dass das Leben, welches er hier in London führt, ohne Plan und Sinn ist. Im vergangenen Jahrhundert haben sich Dichter mit Opium oder Alkohol verrückt gemacht, damit sie am Rand des Wahnsinns von ihren visionären Erfahrungen berichten konnten. Mit solchen Mitteln verwandelten sie sich zu Sehern, Propheten der Zukunft. Opium und Alkohol sind nicht seine Sache, er hat zu große Angst davor, welche Auswirkungen sie auf seine Gesundheit haben könnten. Aber sind Erschöpfung und Elend nicht in der Lage, dasselbe zu leisten? Ist das Leben am Rand des psychischen Zusammenbruchs nicht genauso gut wie das Leben am Rand des Wahnsinns? Warum ist es ein größeres Opfer, eine größere Zerstörung der Persönlichkeit, wenn man sich am linken Seineufer in einer Dachkammer, für die man keine Miete gezahlt hat, versteckt, oder bärtig, ungewaschen, stinkend von Café zu Café wandert und Freunde um Alkohol angeht, als wenn man einen schwarzen Anzug anlegt und seelenzerstörerische Büroarbeit leistet und sich entweder der Einsamkeit bis zum Tod oder dem Sex ohne Verlangen ergibt? Absinth und Lumpen sind doch wohl inzwischen aus der Mode. Und überhaupt, was ist heroisch daran, einen Hauswirt um seine Miete zu prellen?

T. S. Eliot hat für eine Bank gearbeitet. Wallace Stevens und Franz Kafka haben für Versicherungsanstalten gearbeitet. Auf ihre besondere Weise litten Eliot und Stevens und Kafka nicht weniger als Poe oder Rimbaud. Es ist nichts Ehrenrühriges daran, wann man sich entschließt, Eliot und Stevens und Kafka zu folgen. Er hat sich entschieden, wie sie einen schwarzen Anzug zu tragen, ihn wie ein Nessushemd zu tragen, niemanden auszubeuten, niemanden zu betrügen, seine Rechnungen zu begleichen. In der Romantik wurden Künstler im großen Stil wahnsinnig. Ihr Wahnsinn entäußerte sich in ganzen Bänden voller fiebriger Verse oder in dicken Farbklumpen. Diese Ära ist vorbei: sein eigener Wahnsinn, wenn ihm bestimmt ist, wahnsinnig zu sein, wird anders sein – still, diskret. Er wird in einer Ecke sitzen, wie der Mann mit dem langen Gewand in Dürers Kupferstich, und geduldig harren, dass seine Zeit in der Hölle endet. Und wenn sie geendet hat, wird er umso stärker sein, weil er ausgeharrt hat.

Das hält er sich an seinen besseren Tagen vor Augen. An den anderen, den schlechten Tagen, fragt er sich, ob Emotionen, so monoton wie die seinen, jemals große Dichtung anregen werden. Der musikalische Impuls in ihm, einst so stark, ist schon schwächer geworden. Ist er jetzt dabei, seinen poetischen Impuls zu verlieren? Wird er von der Poesie zur Prosa abgedrängt? Ist die Prosa insgeheim genau das: die zweite Wahl, der Ausweg für versagende kreative Geister?

Das einzige Gedicht, das er im vergangenen Jahr geschrieben hat und das ihm gefällt, ist nur fünf Zeilen lang.

The wives of the rock-lobster fishermen
have grown accustomed to waking alone,
their husbands having for centuries fished at dawn;
nor is their sleep as troubled as mine.
If you have gone, go then to the Portuguese rock-lobster
fishermen.

(Die Frauen der Langustenfischer
sind es inzwischen gewohnt, allein aufzuwachen,
denn ihre Männer fischen seit Jahrhunderten im
Morgengrauen;
ihr Schlaf ist auch nicht so unruhig wie meiner.
Wenn du schon gehst, dann geh zu den portugiesischen
Langustenfischern.)

Die portugiesischen Langustenfischer: er ist im Stillen zufrieden, dass er eine so banale Wortgruppe in ein Gedicht geschmuggelt hat, wenn auch das Gedicht bei genauerer Betrachtung immer weniger Sinn macht. Er hat Listen mit Wörtern und Wortgruppen zusammengestellt, banal oder ausgefallen, und wartet darauf, sie unterzubringen. *Perfervid* (inbrünstig) zum Beispiel: eines Tages wird er *perfervid* in ein Epigramm hineinbringen, dessen geheime Geschichte sein wird, dass es als Fassung für ein einziges Wort geschaffen wurde, wie eine Brosche eine Fassung für einen einzigen Edelstein sein kann. Scheinbares Thema des Gedichts wird Liebe oder Verzweiflung sein, doch es wird erblüht sein aus einem einzigen klingenden Wort, über dessen Bedeutung er sich noch nicht völlig im Klaren ist.

Werden Epigramme ausreichen, um darauf eine Karriere als Dichter zu gründen? Gegen das Epigramm als

Form ist nichts einzuwenden. Eine ganze Welt von Gefühlen kann in einer einzigen Zeile komprimiert werden, wie die Griechen immer wieder bewiesen haben. Aber seine Epigramme erreichen nicht immer eine griechische Dichte. Allzu oft fehlt ihnen Gefühl; zu oft sind sie bloß papieren.

»Dichten heißt nicht, seiner Gefühlswelt freien Lauf zu lassen, wohl aber: sich von seinen Gefühlen befreien«, sagt Eliot mit Worten, die er sich in seinem Tagebuch notiert hat. »Dichtung ist nicht Ausdruck der Persönlichkeit, sondern eine Art Befreiung von der Persönlichkeit.« Dann fügt Eliot als bitteren Nachtrag hinzu: »Aber freilich wissen nur die, die Persönlichkeit und Gefühle haben, was es bedeutet, von ihnen frei werden zu wollen.«

Er hat einen Horror davor, reines Gefühl auf die Seite fließen zu lassen. Wenn es erst einmal zu fließen begonnen hat, wüsste er nicht, wie er es anhalten könnte. Es wäre, als durchtrennte man eine Arterie und sähe zu, wie der eigene Lebenssaft herausschießt. Prosa verlangt zum Glück kein Gefühl: Das spricht für sie. Prosa ist wie eine glatte, ruhige Wasserfläche, auf der man in Ruhe kreuzen und Linien ziehen kann.

Er reserviert ein Wochenende für seinen ersten Prosaversuch. Die Erzählung, die aus dem Versuch hervorgeht, wenn es überhaupt eine ist, hat keine richtige Handlung. Alles Wichtige spielt sich ab im Kopf des Erzählers, eines namenlosen jungen Mannes, der ihm allzu sehr gleicht, der ein namenloses Mädchen mit an einen einsamen Strand nimmt und ihr beim Schwimmen zuschaut. Eine kleine Handlung des Mädchens, eine unbewusste Geste, verschafft ihm plötzlich die Gewissheit, dass sie ihn betrogen hat; mehr noch, er stellt fest, dass sie gemerkt hat, dass er es weiß, und es macht ihr nichts aus. Das ist alles. So endet das Stück. Darauf läuft es hinaus.

Nachdem er nun diese Erzählung geschrieben hat, weiß er nicht, was er damit machen soll. Er hat nicht das Bedürfnis, sie jemandem zu zeigen, außer vielleicht dem Original des namenlosen Mädchens. Aber er hat die Verbindung zu ihr verloren, und sie würde sich sowieso nicht wiedererkennen, nicht ohne dass man es ihr nahe legte.

Die Erzählung spielt in Südafrika. Es beunruhigt ihn, dass er immer noch über Südafrika schreibt. Es wäre ihm lieber, wenn er sein südafrikanisches Ich hinter sich lassen könnte, wie er Südafrika selbst hinter sich gelassen hat. Südafrika war ein schlechter Start, ein Handikap. Eine durchschnittliche Familie vom Dorf, eine schlechte Schule, die Afrikaans-Sprache: allem, woraus sich sein Handikap zusammensetzt, ist er mehr oder weniger entkommen. Er ist in der großen Welt und verdient seinen Lebensunterhalt selbst und stellt sich dabei gar nicht so dumm an – jedenfalls ist er kein Versager, nicht offensichtlich. Erinnerungen an Südafrika kann er nicht gebrauchen. Wenn morgen eine Flutwelle vom Atlantik heranstürmte und die Südspitze des afrikanischen Kontinents fortspülte, würde er keine Träne vergießen. Er würde unter den Geretteten sein.

Obwohl die Erzählung, die er geschrieben hat, eine Kleinigkeit ist (daran gibt es keinen Zweifel), ist sie nicht schlecht. Trotzdem weiß er nicht, warum er versuchen sollte, sie zu veröffentlichen. Die Engländer werden sie nicht verstehen. Bei dem Strand in der Erzählung werden sie sich das vor Augen führen, was sich Engländer unter einem Strand vorstellen – ein paar Kiesel, gegen die kleine Wellen plätschern. Sie werden keine blendende

Sandfläche am Fuß von Felsenkliffen, gegen die Brecher klatschen, vor sich sehen, dazu über dem Kopf Möwen und Kormorane, die schreiend gegen den Wind ankämpfen.

Auch in anderer Beziehung ist Prosa offenbar anders als Lyrik. In der Lyrik kann die Handlung überall und nirgends stattfinden: es spielt keine Rolle, ob die einsamen Fischersfrauen in Kalk Bay wohnen, in Portugal oder in Maine. Prosa scheint dagegen hartnäckig einen bestimmten Schauplatz zu verlangen.

Noch kennt er England nicht gut genug, um über England in Prosatexten schreiben zu können. Er ist sich nicht einmal sicher, dass er die Seiten von London, die ihm vertraut sind, beschreiben kann – das London der zur Arbeit trottenden Menschenmassen, das London der Kälte und des Regens, der Einzimmerwohnungen mit vorhanglosen Fenstern und 40-Watt-Glühbirnen. Wenn er es versuchen würde, käme etwas heraus, was sich vermutlich nicht vom London jedes anderen ledigen Büroangestellten unterscheidet. Kann sein, dass er eine eigene Vorstellung von London hat, aber an dieser Vorstellung ist nichts Einmaliges. Wenn sie eine gewisse Intensität hat, dann nur, weil sie beschränkt ist, und sie ist beschränkt, weil sie nichts von allem, was über sie hinausgeht, weiß. Er beherrscht London nicht. Wenn hier jemand beherrscht wird, dann er von London.

Acht

Kündigt sein erster Prosaversuch einen Richtungswechsel in seinem Leben an? Ist er dabei, der Lyrik zu entsagen? Er weiß es nicht genau. Aber wenn er in Zukunft Prosa schreibt, dann kann er auch gleich aufs Ganze gehen und James-Jünger werden. Henry James zeigt, wie man über Fragen der Nationalität erhaben sein kann. Ja, es ist nicht immer klar, wo ein Text von James spielt, in London oder Paris oder New York, so souverän über den konkreten Alltagsdingen steht James. Bei James müssen die Menschen keine Miete zahlen; und natürlich müssen sie keine feste Stelle haben; alles, was von ihnen verlangt wird, sind äußerst subtile Gespräche, die kleinste Machtverschiebungen bewirken – so winzige Verschiebungen, dass sie nur für das geübte Auge erkennbar sind. Wenn genug solche Verschiebungen stattgefunden haben, wird (*Voilà!*) offenbar, dass sich das Machtverhältnis zwischen den Charakteren in der Erzählung plötzlich und unwiderruflich verändert hat. Und das war's dann: die Erzählung hat ihre Bestimmung erfüllt und kann zu Ende gebracht werden.

Er verordnet sich Übungen im Stil von James. Aber es

stellt sich heraus, dass die Manier von James nicht so leicht zu beherrschen ist, wie er dachte. Die von ihm erdachten Charaktere dahin zu bringen, äußerst subtile Gespräche zu führen, ist, als versuche man, Säugetieren das Fliegen beizubringen. Ein oder zwei Augenblicke lang schlagen sie mit den Armen und halten sich in der dünnen Luft. Dann stürzen sie ab.

Henry James ist viel sensibler als er, daran kann es keinen Zweifel geben. Aber das erklärt sein Versagen nicht vollständig. James möchte einen glauben machen, dass nur Gespräche, Wortwechsel zählen. Obwohl das ein Credo ist, das er sich anzueignen bereit ist, kann er ihm nicht folgen, wie er merkt, nicht in London, der Stadt, in deren grausames Getriebe er geraten ist, der Stadt, von der er lernen muss zu schreiben, warum ist er sonst überhaupt hier?

Einst, als unschuldiges Kind, glaubte er, dass Klugheit der einzige Maßstab sei, der zählte, dass er alles, was er wollte, erreichen würde, solange er klug genug war. Die Universität wies ihn in die Schranken. Die Universität zeigte ihm, dass er nicht der Klügste war, bei weitem nicht. Und jetzt sieht er sich mit dem wahren Leben konfrontiert, wo man sich nicht einmal auf Prüfungen zurückziehen kann. Im richtigen Leben, so scheint es, kann er nur eins richtig: unglücklich sein. Im Unglücklichsein ist er immer noch Klassenbester. Für das Unglück, das er auf sich ziehen und ertragen kann, scheint es keine Grenzen zu geben. Selbst als er in den kalten Straßen dieser fremden Stadt herumläuft, ohne Ziel, nur in Bewegung, um müde zu werden, damit er wenigstens schlafen kann, wenn er in sein Zimmer zurückkehrt, spürt er in sich nicht die leiseste Veranlagung, unter dem Gewicht des

Unglücks zusammenzubrechen. Unglück ist sein Element. Im Unglück fühlt er sich zu Hause wie der Fisch im Wasser. Wenn das Unglück abgeschafft werden würde, wüsste er nicht, was er mit sich anfangen sollte.

Glück kann einen nichts lehren, sagt er sich. Unglück andererseits stählt einen für die Zukunft. Unglück ist eine Schule für die Seele. Den Wassern des Unglücks entsteigt man am anderen Ufer gereinigt, stark, bereit, es mit den Herausforderungen eines Künstlerlebens aufzunehmen.

Aber Unglück fühlt sich nicht wie ein reinigendes Bad an. Im Gegenteil, es ist wie eine Pfütze Schmutzwasser. Aus jedem neuen Anfall von Unglücklichsein geht er nicht klüger und stärker hervor, sondern lustloser und schlaffer. Wie soll das funktionieren, die reinigende Wirkung, die man dem Unglück nachsagt? Ist er nicht tief genug darin eingetaucht? Muss er über bloßes Unglücklichsein hinaus in Melancholie und Wahnsinn abtauchen? Er hat noch niemanden kennen gelernt, der richtig verrückt genannt werden konnte, aber er hat Jacqueline nicht vergessen, die – wie sie es selbst ausdrückte – »in Behandlung war« und mit der er sechs Monate zusammen war, mit Unterbrechungen, und eine Einzimmerwohnung teilte. Zu keiner Zeit brannte in Jacqueline das göttliche, erhebende Feuer der Kreativität. Im Gegenteil, sie war selbstsüchtig, unberechenbar, und das Zusammenleben mit ihr war anstrengend. Muss er erst zu dieser Sorte Mensch werden, ehe er Künstler sein kann? Und ob man nun verrückt oder unglücklich ist, wie kann man schreiben, wenn Müdigkeit wie eine behandschuhte Hand nach dem Hirn greift und es zusammendrückt? Oder ist das, was er Müdigkeit nennt, in Wahrheit eine Prüfung, eine versteckte Prüfung, eine, die er noch dazu nicht besteht? Kommen nach der Müdigkeit noch weitere Prüfungen, so viele, wie es Kreise in Dantes Hölle gibt? Ist Müdigkeit nur die erste der Prüfungen, dic dic großen Meister bestehen mussten, Hölderlin und Blake, Pound und Eliot?

Er wünscht, ihm möge es vergönnt sein, zum Leben zu erwachen und nur für eine Minute, nur für eine Sekunde zu erfahren, wie es ist, wenn man das heilige Feuer der Kunst in sich brennen fühlt.

Leiden, Wahnsinn, Sex: drei Möglichkeiten, das heilige Feuer auf sich herabzurufen. Er hat die unteren Regionen des Leidens besucht, er ist mit Wahnsinn in Berührung gekommen; was weiß er vom Sex? Sex und Kreativität verbünden sich, alle sagen das, und er zweifelt nicht daran. Weil sie kreativ sind, besitzen Künstler das Geheimnis der Liebe. Frauen können das Feuer, das im Künstler brennt, sehen, sie haben einen Instinkt dafür. Frauen besitzen das heilige Feuer selbst nicht (es gibt Ausnahmen: Sappho, Emily Brontë). Auf der Suche nach dem Feuer, das ihnen fehlt, dem Feuer der Liebe, folgen Frauen den Künstlern und geben sich ihnen hin. Im Liebesakt lernen die Künstler und ihre Geliebten kurz und verlockend das Leben der Götter kennen. Von solcher Liebe bereichert und gestärkt, kehrt der Künstler zu seiner Arbeit zurück und die Frau verklärt zu ihrem Leben.

Und was ist nun mit ihm? Wenn noch keine Frau bisher hinter seiner hölzernen Art, seinem verbissen-düsteren Wesen ein Flackern des heiligen Feuers entdeckt hat; wenn anscheinend keine Frau sich ihm ohne die schlimmsten Skrupel hingibt; wenn der Liebesakt, den er kennt, vonseiten der Frau und von seiner Seite entweder ängstlich oder gelangweilt ist – bedeutet das nun, dass er kein richtiger Künstler ist, oder bedeutet es, dass er noch nicht genug gelitten hat, nicht genug Zeit in einem Purgatorium verbracht hat, in dem auch Runden mit leidenschaftslosem Sex vorgeschrieben sind?

Mit seiner hochmütigen Gleichgültigkeit dem banalen Leben gegenüber übt Henry James eine starke Anziehung auf ihn aus. Aber er mag sich noch so sehr anstrengen, er spürt nicht die geisterhafte Hand von James, die sich ausstreckt, um seine Stirn segnend zu berühren. James gehört der Vergangenheit an: als er selbst geboren wurde, war James schon seit zwanzig Jahren tot. James Joyce lebte noch, aber nicht mehr lange. Er bewundert Joyce, er kann sogar Passagen aus dem *Ulysses* aus dem Kopf rezitieren. Aber Joyce ist zu eng verbunden mit Irland und irischen Angelegenheiten, um in seinem Pantheon zu sein. Ezra Pound und T. S. Eliot, mögen sie auch gebrechlich und legendenumwoben sein, leben noch, der eine in Rapallo, der andere hier in London. Aber wenn er die Dichtkunst verlässt (oder wenn ihn die Dichtkunst verlässt), welches Vorbild können Pound oder Eliot dann noch bieten?

Von den großen Gestalten der Jetztzeit bleibt somit nur noch eine übrig: D. H. Lawrence. Lawrence ist auch gestorben, ehe er geboren wurde, aber das kann als Unfall gelten, weil Lawrence jung gestorben ist. Er hat Lawrence zum ersten Mal als Schuljunge gelesen, als *Lady Chatterleys Liebhaber* das berüchtigtste aller verbotenen Bücher war. Bis zu seinem dritten Studienjahr hatte er den ganzen Lawrence gelesen, bis auf die Gesellenstücke. Lawrence wurde auch von seinen Kommilitonen verschlungen. Von Lawrence lernten sie, das Korsett der bürgerlichen Konventionen zu zerbrechen und den geheimen Kern ihres Seins hervorkommen zu lassen. Mädchen trugen fließende Gewänder und tanzten im Regen und gaben sich Männern hin, die sie zu ihrem dunklen Kern zu führen versprachen. Männern, denen das nicht gelang, gaben sie ungeduldig den Laufpass.

Er selbst hatte sich gehütet, ein Anhänger des Lawrence-Kults zu werden. Die Frauen in Lawrence' Büchern beunruhigten ihn; er stellte sie sich als erbarmungslose weibliche Insekten vor, Spinnen oder Gottesanbeterinnen. Unter dem durchdringenden Blick der blassen, schwarz gewandeten Priesterinnen des Kults an der Universität war ihm zumute wie einem furchtsam herumhuschenden kleinen Junggeselleninsekt. Mit einigen von ihnen wäre er gern ins Bett gegangen, das konnte er nicht leugnen – nur wenn man eine Frau zu ihrem dunklen Kern führte, konnte schließlich ein Mann zu seinem eigenen dunklen Kern vordringen –, aber er hatte zu viel Angst. Ihre Ekstasen würden wie Vulkanausbrüche sein; er wäre zu mickrig, um sie zu überleben.

Außerdem hatten die Jüngerinnen von Lawrence einen ganz eigenen Keuschheitskodex. Sie verfielen für lange Zeiträume in Eiseskälte, während deren sie nur allein mit sich oder unter ihren Schwestern sein wollten, und der Gedanke daran, ihre Körper anzubieten, war während dieser Zeiten wie eine Schändung. Aus ihrem eisigen Schlaf konnten sie nur durch den gebieterischen Ruf des dunklen männlichen Subjekts erweckt werden. Er selbst war weder dunkel noch gebieterisch, oder die notwendige dunkle und gebieterische Art musste sich bei ihm zumindest noch offenbaren. So begnügte er sich mit anderen Mädchen, Mädchen, die noch keine Frauen waren und vielleicht nie welche werden würden, weil sie keinen dunklen Kern hatten, oder keinen nennenswerten, Mädchen, die es eigentlich gar nicht tun wollten, so wie er im Grunde seines Herzens auch nicht behaupten konnte, es wirklich zu wollen.

In seinen letzten Wochen in Kapstadt hatte er eine Affäre mit einem Mädchen namens Caroline angefangen, einer Schauspielschülerin mit Bühnenambitionen. Sie waren zusammen ins Theater gegangen, sie hatten die ganze Nacht über die Vorzüge von Anouilh gegenüber Sartre, von Ionesco gegenüber Beckett diskutiert; sie hatten miteinander geschlafen. Beckett war sein Lieblingsdramatiker, aber nicht der von Caroline: Beckett sei zu düster, sagte sie. Ihren wahren Grund vermutete er darin, dass Beckett keine Rollen für Frauen schrieb. Von ihr angestachelt, hatte er sich sogar selbst an ein Stück gemacht, ein Versdrama über Don Quixote. Aber bald war er in eine Sackgasse geraten – der Geist des alten Spaniers war zu fern, er konnte sich nicht hineinversetzen – und hatte aufgegeben.

Jetzt, Monate später, taucht Caroline in London auf und meldet sich bei ihm. Sie treffen sich im Hyde Park. Sie hat noch die Bräune der südlichen Hemisphäre, sie ist voller Lebendigkeit, in gehobener Stimmung, weil sie in London ist und weil sie ihn trifft. Sie bummeln durch den Park. Der Frühling ist da, die Abende werden länger, die Bäume sind belaubt. Sie nehmen einen Bus nach Kensington, wo sie wohnt.

Er ist von ihr beeindruckt, von ihrer Energie und Unternehmungslust. Ein paar Wochen erst in London, und schon steht sie auf eigenen Füßen. Sie hat einen Job; ihr Lebenslauf liegt bei allen Theateragenten; und sie hat eine Wohnung, die sie mit drei englischen Mädchen teilt, in einem vornehmen Viertel. Wie hat sie ihre Mitbewohnerinnen kennen gelernt?, fragt er. Freundinnen von Freundinnen, antwortet sie.

Sie nehmen ihr Verhältnis wieder auf, aber es ist von Anfang an schwierig. Der Job, den sie gefunden hat, ist der einer Kellnerin in einem Nachtclub im West End; die Arbeitszeit ist nicht festgelegt. Sie möchte, dass er sich mit ihr in ihrer Wohnung trifft und sie nicht im Club abholt. Da die anderen Mädchen etwas dagegen haben, wenn Fremde Schlüssel erhalten, muss er draußen auf der Straße warten. Deshalb fährt er, wenn sein eigener Arbeitstag um ist, mit der U-Bahn zur Archway Road, isst in seinem Zimmer Brot und Würstchen zum Abendbrot, liest ein oder zwei Stunden oder hört Radio, nimmt dann den letzten Bus nach Kensington und fängt an zu warten. Manchmal kommt Caroline schon um Mitternacht vom Club zurück, manchmal erst um vier Uhr morgens. Sie haben ihre Zeit zusammen, schlafen ein. Um sieben klingelt der Wecker: er muss aus der Wohnung verschwunden sein, bevor ihre Freundinnen aufwachen. Er nimmt den Bus nach Highgate, frühstückt, zieht seine schwarze Uniform an und macht sich auf den Weg ins Büro.

Das wird bald zur Routine, eine Routine, die ihn, wenn er einen Moment lang Abstand gewinnen und sich besinnen kann, überrascht. Er hat ein Verhältnis, bei dem die Regeln von der Frau und von der Frau allein bestimmt werden. Ist es das, was Leidenschaft einem Mann antut: Sie nimmt ihm seinen Stolz? Fühlt er Leidenschaft für Caroline? Das war eigentlich nicht sein Eindruck. Als sie getrennt waren, hatte er kaum an sie gedacht. Warum ist er dann so fügsam, so unterwürfig? Möchte er unglücklich gemacht werden? Ist Unglücklichsein für ihn jetzt zur Droge geworden, ohne die er nicht mehr leben kann?

Am schlimmsten sind die Nächte, in denen sie überhaupt nicht nach Hause kommt. Er geht Stunde um Stunde auf dem Bürgersteig auf und ab, oder wenn es regnet, drückt er sich in den Hauseingang. Arbeitet sie wirklich bis spät in die Nacht, fragt er sich verzweifelt, oder ist der Club in Bayswater eine große Lüge und sie eben jetzt mit einem anderen im Bett?

Wenn er sie zur Rede stellt, bekommt er nur vage Ausreden zu hören. Es war eine hektische Nacht im Club, wir hatten bis zum Morgengrauen geöffnet, sagt sie. Oder sie hatte kein Bargeld fürs Taxi. Oder sie wurde von einem Kunden zu einem Drink eingeladen. In der Theaterwelt, erinnert sie ihn schroff, sind Beziehungen von größter Wichtigkeit. Ohne Beziehungen wird es nie etwas mit ihrer Karriere.

Sie schlafen noch miteinander, aber es ist nicht mehr so wie früher. Schlimmer noch: er wird ihr mit seinem Trübsinn und seiner schlechten Laune schnell zur Last, das merkt er. Wenn er klug wäre, würde er das Verhältnis sofort beenden und verschwinden. Aber er tut es nicht. Caroline ist vielleicht nicht die geheimnisvolle, dunkeläugige Geliebte, derentwegen er nach Europa gekommen ist, sie ist wohl weiter nichts als ein Mädchen aus Kapstadt, die aus genauso langweiligen Verhältnissen stammt wie er selbst, aber sie ist derzeit alles, was er hat.

Neun

In England beachten ihn die Mädchen nicht, vielleicht weil seiner Person immer noch eine gewisse koloniale Ungeschliffenheit anhaftet, vielleicht nur weil er nicht die richtigen Klamotten anhat. Wenn er nicht in einem seiner IBM-Anzüge steckt, hat er nur seine grauen Flanellhosen und das grüne Sakko, seine aus Kapstadt mitgebrachten Sachen. Die jungen Männer, die er in der U-Bahn und auf den Straßen sieht, tragen dagegen enge schwarze Hosen, spitze Schuhe, knapp sitzende Kastenjacken mit vielen Knöpfen. Sie tragen auch ihr Haar lang, in die Stirn und über die Ohren hängend, während er immer noch die im Nacken und an den Seiten kurz geschnittene Frisur mit dem ordentlichen Scheitel hat, die ihm in der Kindheit von kleinstädtischen Friseuren verpasst wurde und die von IBM gutgeheißen wird. In den Zügen gleiten die Blicke der Mädchen über ihn weg oder werden stumpf vor Verachtung.

Das ist misslich und irgendwie unfair: er würde sich beschweren, wenn er nur wüsste, wo und bei wem. Welche Jobs haben denn seine Rivalen, dass sie sich kleiden können, wie es ihnen passt? Und warum sollte er gezwungen sein, der Mode zu folgen? Zählen innere Qualitäten denn gar nichts?

Das Vernünftigste wäre, er würde sich eine Kluft wie die ihre zulegen und sie an den Wochenenden tragen. Aber wenn er sich vorstellt, dass er solche Sachen anziehen soll, Sachen, die ihm nicht nur wesensfremd vorkommen, sondern auch eher südländisch als englisch, fühlt er, wie sich sein Widerstand verhärtet. Er kann es einfach nicht: es wäre, als lasse er sich auf einen Mummenschanz, eine Verkleidung ein.

London ist voller schöner Mädchen. Sie kommen aus der ganzen Welt: als Au-pair-Mädchen, als Sprachschülerinnen, einfach als Touristinnen. In Bögen schwingen sich ihre Haare zu beiden Seiten ins Gesicht; ihre Augen sind mit dunklen Lidschatten versehen; sie haben etwas sanft Geheimnisvolles an sich. Am schönsten sind die hoch gewachsenen Schwedinnen mit dem Honigteint; aber die Italienerinnen, mandeläugig und zierlich, haben ihren eigenen Reiz. Die Liebe auf Italienisch stellt er sich scharf und heiß vor, ganz anders als die schwedische Liebe, die lächelnd und verträumt sein muss. Aber ob er jemals eine Chance bekommt, das selbst herauszufinden? Wenn er den Mut aufbringen könnte, eine dieser schönen Fremden anzusprechen, was würde er sagen? Wäre es eine Lüge, wenn er sich als Mathematiker vorstellte statt nur als Programmierer? Würden die Aufmerksamkeiten eines Mathematikers ein europäisches Mädchen beeindrucken, oder wäre es besser, ihr zu erzählen, er sei trotz seines langweiligen Äußeren ein Dichter?

Er hat immer ein Gedichtbändchen in der Jackentasche dabei, manchmal Hölderlin, manchmal Rilke, manchmal Vallejo. In der U-Bahn holt er dieses Büchlein demonstrativ hervor und versenkt sich darein. Es ist eine Probe. Nur ein außergewöhnliches Mädchen wird zu schätzen wissen, was er liest, und in ihm einen ebenfalls außergewöhnlichen Geist erkennen. Aber keins der Mädchen in der U-Bahn schenkt ihm Beachtung. Das scheint eins der ersten Dinge zu sein, die Mädchen bei ihrer Ankunft in England lernen: den Signalen von Männern keine Beachtung zu schenken.

Was wir das Schöne nennen, ist nichts als des Schrecklichen Anfang, sagt ihm Rilke. Wir werfen uns vor dem Schönen nieder, um ihm zu danken, dass es verschmäht, uns zu zerstören. Würden sie ihn zerstören, wenn er sich zu nahe heranwagte, diese schönen Wesen aus anderen Welten, diese Engel, oder würde er ihnen dafür zu unbedeutend sein?

In einer Lyrikzeitschrift – *Ambit* vielleicht oder *Agenda* – stößt er auf die Ankündigung eines wöchentlichen Workshops, veranstaltet von der Gesellschaft für Lyrik zur Förderung von jungen, noch unveröffentlichten Autoren. Er erscheint zur angekündigten Zeit und am angegebenen Ort, in seinem schwarzen Anzug. Die Frau an der Tür mustert ihn misstrauisch und will wissen, wie alt er ist. »Einundzwanzig«, sagt er. Das ist gelogen: er ist zweiundzwanzig.

In Ledersesseln sitzen seine dichtenden Kollegen, betrachten ihn und nicken zurückhaltend. Sie kennen sich offenbar, er ist der einzig Neue. Sie sind jünger als er, eigentlich Teenager, abgesehen von einem Mann in den mittleren Jahren, der hinkt und irgendeine Funktion in der Gesellschaft für Lyrik hat. Sie lesen sich abwechselnd ihre neuesten Gedichte vor. Das Gedicht, das er liest, endet mit den Worten »the furious waves of my incontinence« (die wütenden Wellen meiner Inkontinenz/Zügellosigkeit). Der hinkende Mann hält seine Wortwahl für unglücklich. Für jeden, der einmal in einem Krankenhaus gearbeitet hat, sagt er, bedeutet »Inkontinenz« Unfähigkeit, den Harn zurückzuhalten, oder Schlimmeres.

Er erscheint in der darauf folgenden Woche wieder und trinkt nach der Gesprächsrunde Kaffee mit einem Mädchen, die ein Gedicht über den Tod eines Freundes bei einem Autounfall vorgelesen hat, in seiner Art ein gutes Gedicht, still, schlicht. Wenn sie nicht gerade dichtet, verrät ihm das Mädchen, ist sie Studentin am King's College, London; sie kleidet sich angemessen streng – dunkler Rock und schwarze Strümpfe. Ein weiteres Treffen wird verabredet.

Sie treffen sich an einem Samstagnachmittag auf dem Leicester Square. Es war halb ausgemacht, dass sie sich einen Film ansehen wollten; aber als Dichter haben sie eine Verpflichtung, das Leben voll auszukosten, deshalb gehen sie stattdessen auf ihr Zimmer in einer Seitenstraße der Gower Street, wo sie ihm gestattet, sie auszuziehen. Er bewundert die Wohlproportioniertheit ihres nackten Körpers, die Elfenbeinfarbe ihrer Haut. Sind alle Engländerinnen so schön, wenn sie die Kleider abgelegt haben?, fragt er sich.

Nackt liegen sie sich in den Armen, aber zwischen ihnen ist keine Wärme; und Wärme will sich nicht entwickeln, wird bald klar. Schließlich zieht sich das Mädchen zurück, faltet die Arme über den Brüsten, stößt seine Hände fort, schüttelt stumm den Kopf.

Er könnte sie zu überreden versuchen, sie dazu verleiten, sie verführen; es könnte ihm sogar gelingen; aber ihm ist nicht danach zumute. Sie ist schließlich nicht nur eine Frau mit den Intuitionen einer Frau, sondern auch eine Künstlerin. Wozu er sie zu überreden versucht, ist nicht das Echte – das weiß sie bestimmt.

Schweigend ziehen sie sich an. »Tut mir Leid«, sagt sie. Er zuckt mit den Schultern. Er ist nicht böse. Er gibt ihr nicht die Schuld. Auch er spürt es intuitiv. Das Urteil, das sie über ihn gefällt hat, wäre auch sein Urteil.

Nach diesem Vorfall geht er nicht mehr zur Gesellschaft für Lyrik. Er hat sich dort sowieso nicht angenommen gefühlt.

Er hat weiter kein Glück mit englischen Mädchen. Bei IBM gibt es genug englische Mädchen, Sekretärinnen und Locherinnen, und Gelegenheiten, mit ihnen zu plaudern. Aber er spürt von ihrer Seite einen gewissen Widerstand, als wüssten sie nicht genau, wer er ist, was seine Motive sein könnten, was er hier in ihrem Land macht. Er beobachtet sie mit anderen Männern. Andere Männer flirten scherzend und schmeichelnd mit ihnen – auf typisch englische Art. Sie sind empfänglich dafür, das kann er sehen: sie öffnen sich wie Blüten. Aber das Flirten gehört nicht zu den Dingen, die er gelernt hat. Er ist sich nicht einmal sicher, dass er es gutheißt. Und außerdem darf er nicht zulassen, dass es sich unter den IBM-Mädchen herumspricht, er sei ein Dichter. Sie würden die Köpfe zusammenstecken und kichern, sie würden die Geschichte im ganzen Haus verbreiten.

Seine größte Hoffnung, größer als die auf eine englische Freundin, größer sogar als die auf eine Schwedin oder Italienerin, ist es, ein französisches Mädchen zu haben. Wenn er eine leidenschaftliche Affäre mit einem französischen Mädchen hätte, würde er von der Anmut der französischen Sprache, der Feinheit des französischen Denkens berührt und veredelt werden, ist er sich sicher. Aber warum sollte sich ein französisches Mädchen eher als ein englisches herablassen, mit ihm zu reden? Und er hat in London ein französisches Mädchen noch nicht einmal zu Gesicht bekommen. Die Franzosen haben schließlich Frankreich, das schönste Land auf Erden. Warum sollten sie ins frostige England kommen und sich um die Babys der Einheimischen kümmern?

Die Franzosen sind das kultivierteste Volk auf der Welt. Alle Schriftsteller, die er achtet, haben die französische Kultur aufgesogen; die meisten betrachten Frankreich als ihre geistige Heimat – Frankreich, und in einem gewissen Maß Italien, obwohl über Italien offenbar harte Zeiten hereingebrochen sind. Seit er mit fünfzehn Jahren eine Postanweisung über fünf Pfund zehn Shilling an das Pelman Institut geschickt und dafür eine Grammatik und einen Satz Übungsblätter, die er ausfüllen und an das Institut zur Korrektur zurückschicken sollte, bekommen hat, hat er versucht, Französisch zu lernen. In seinem Reisekoffer, der mit ihm die weite Reise von Kapstadt hierher gemacht hat, befinden sich fünfhundert Kärtchen, auf die er einen französischen Grundwortschatz geschrieben hat, eine Vokabel pro Kärtchen, damit er sie überallhin mitnehmen und auswendig lernen kann; durch seinen Kopf schwirren französische Wendungen – *je viens de*, ich habe gerade; *il me faut*, ich muss.

Aber seine Bemühungen haben ihn nicht weitergebracht. Das Französische liegt ihm nicht. Wenn er sich französische Tonbandaufnahmen anhört, kann er meist nicht sagen, wo ein Wort zu Ende ist und das nächste beginnt. Obwohl er einfache Prosatexte lesen kann, hört er nicht mit dem inneren Ohr, wie sie klingen. Die Sprache verweigert sich ihm, schließt ihn aus; er kann keinen Zugang finden.

Theoretisch sollte Französisch einfach für ihn sein. Er kann Latein; weil es ihm Vergnügen bereitet, liest er manchmal lateinische Texte laut – nicht das Latein des goldenen oder des silbernen Zeitalters, sondern das Latein der Vulgata, mit seiner dreisten Missachtung der klassischen Wortstellung. Er eignet sich Spanisch mühelos an. Er liest Cesar Vallejo in einer zweisprachigen Ausgabe, er liest Nicolas Guillén, liest Pablo Neruda. Spanisch ist voller barbarisch klingender Wörter, deren Bedeutung er nicht mal erraten kann, aber das spielt keine Rolle. Wenigstens wird jeder Buchstabe ausgesprochen, bis hinunter zum doppelten *r*.

Die Sprache, die ihm jedoch wirklich liegt, ist das Deutsche. Er hört Radioprogramme aus Köln und, wenn sie nicht zu langweilig sind, auch aus Ostberlin, und versteht sie zum größten Teil; er liest deutsche Gedichte und kann ihnen recht gut folgen. Er schätzt die Weise, in der jede Silbe im Deutschen ihr angemessenes Gewicht bekommt. Weil er Afrikaans noch im Ohr hat, ist ihm die Syntax vertraut. Sogar die Länge der deutschen Sätze erfreut ihn, die komplexe Ansammlung von Verben am Satzende. Es gibt Momente, wo er beim Lesen deutscher Texte vergisst, dass es eine Fremdsprache ist.

Er liest immer wieder Ingeborg Bachmann, er liest Bertolt Brecht, Hans Magnus Enzensberger. Im Deutschen gibt es einen bissigen Unterton, der ihn anzieht, obwohl er nicht sicher ist, ob er recht versteht, warum er da ist – ja, sich fragt, ob er ihn sich nur einbildet. Er könnte fragen, aber er kennt sonst keinen, der deutsche

Gedichte liest, wie er auch keinen kennt, der Französisch spricht.

Doch in dieser riesigen Stadt muss es Tausende Leute geben, die bewandert auf dem Gebiet der deutschen Literatur sind, Tausende mehr, die Gedichte in Russisch, Ungarisch, Griechisch, Italienisch lesen – sie lesen, sie übersetzen, sogar sie schreiben: Dichter im Exil, Männer mit langen Haaren und Hornbrillen, Frauen mit scharf geschnittenen fremden Gesichtern und vollen, leidenschaftlichen Lippen. In den Zeitschriften, die er bei Dillons kauft, findet er genug Beweise für ihre Existenz: Übersetzungen, die ihr Werk sein müssen. Aber wie soll er sie je treffen? Was tun sie, diese besonderen Wesen, wenn sie nicht lesen und schreiben und übersetzen? Sitzt er, ohne es zu wissen, im Zuschauerraum des Everyman mitten unter ihnen, geht mit ihnen auf der Hampstead Heath spazieren?

Einer spontanen Regung folgend, schlendert er auf der Heide hinter einem in Frage kommenden Paar her. Der Mann ist groß und trägt Bart, die Frau hat ihre langen blonden Haare lässig zurückgeworfen. Er ist sicher, dass es Russen sind. Aber als er nah genug herankommt, um ihr Gespräch zu belauschen, stellt sich heraus, dass es Engländer sind; sie sprechen über den Preis von Möbeln bei Heals.

Bleibt noch Holland. Wenigstens hat er Insiderkenntnisse des Holländischen, wenigstens diesen Vorteil hat er. Gibt es unter all den Zirkeln in London auch einen Zirkel holländischer Dichter? Und wenn es ihn gibt, verschafft ihm seine Kenntnis der Sprache dann einen Zugang?

Holländische Lyrik ist ihm stets sehr langweilig vorgekommen, aber der Name Simon Vinkenoog taucht immer mal wieder in Lyrikzeitschriften auf. Vinkenoog scheint der eine holländische Dichter zu sein, dem der Durchbruch zur internationalen Bühne gelungen ist. Er liest alles, was von Vinkenoog im British Museum zu finden ist, und ist nicht ermutigt. Vinkenoogs Werke sind roh und derb, es fehlt ihnen jede geheimnisvolle Ebene. Wenn Vinkenoog alles ist, was Holland zu bieten hat, dann ist sein schlimmster Verdacht bestätigt: dass von allen Nationen die holländische die langweiligste, die antipoetischste ist. So viel zu seinem niederländischen Erbe. Er könnte genauso gut einsprachig sein.

Hin und wieder ruft ihn Caroline im Büro an und verabredet sich mit ihm. Aber wenn sie dann zusammen sind, verbirgt sie nicht ihre Ungeduld mit ihm. Wie kann er nur bis hierher nach London kommen, sagt sie, und dann seine Tage damit zubringen, Zahlen auf einer Maschine zu addieren? Schau dich doch um, sagt sie: London ist ein Jahrmarkt voller Neuheiten, Vergnügungen und Freizeitangebote. Warum geht er nicht aus sich heraus, genießt das Leben?

»Einige von uns sind einfach nicht dafür geschaffen, das Leben zu genießen«, antwortet er. Sie fasst das als einen seiner kleinen Scherze auf, versucht nicht, ihn zu verstehen.

Caroline hat bisher nicht erklärt, wo sie das Geld für die Wohnung in Kensington und die neuen Sachen, in denen sie immer wieder erscheint, herhat. Ihr Stiefvater in Südafrika ist in der Autobranche. Ist die Autobranche lukrativ genug, um einer Stieftochter in London ein angenehmes Leben zu finanzieren? Was tut Caroline wirklich im Club, wo sie die Nachtstunden zubringt? Mäntel in der Garderobe aufhängen und Trinkgelder kassieren? Tabletts mit Getränken herumtragen? Oder ist Arbeit im Nachtclub ein Euphemismus für etwas anderes?

Unter den Bekanntschaften, die sie im Club gemacht hat, ist Laurence Olivier, teilt sie ihm mit. Laurence Olivier interessiert sich für ihre Karriere als Schauspielerin. Er hat ihr eine Rolle in einem noch nicht näher benannten Stück versprochen; er hat sie auch in sein Landhaus eingeladen.

Was soll er von dieser Mitteilung halten? Die Rolle in einem Stück klingt wie eine Lüge; aber belügt Laurence Olivier Caroline, oder belügt Caroline ihn? Laurence Olivier muss inzwischen ein alter Mann mit falschen Zähnen sein. Kann sich Caroline gegenüber Laurence Olivier behaupten, wenn der Mann, der sie in sein Landhaus eingeladen hat, wirklich Olivier ist? Wie vergnügen sich Männer diesen Alters mit Mädchen? Ist es angebracht, auf einen Mann eifersüchtig zu sein, der wahrscheinlich gar keine Erektion mehr zustande bekommt? Ist Eifersucht sowieso ein altmodisches Gefühl, im Jahre 1962 hier in London?

Höchstwahrscheinlich wird Laurence Olivier, wenn er's wirklich sein sollte, für sie die volle Landhaus-Schau abziehen, einschließlich Abholen vom Bahnhof durch einen Chauffeur und Bedienung durch einen Butler beim Essen. Wenn sie dann vom Rotwein benebelt ist, wird er sie zu seinem Bett führen und an ihr herumfummeln, und sie wird es geschehen lassen, aus Höflichkeit, um ihm für den Abend zu danken und auch um ihrer Karriere willen. Wird sie sich bei ihren Tête-à-têtes die Mühe machen zu erwähnen, dass es im Hintergrund einen Rivalen gibt, einen Büroangestellten, der für eine Rechenmaschinen-Firma arbeitet und in einer Nebenstraße der Archway Road ein Zimmer bewohnt, wo er manchmal Verse schreibt?

Er begreift nicht, warum sich Caroline von ihm, dem Freund, der ein Büromensch ist, nicht trennt. Wenn er in der Dunkelheit der frühen Morgenstunden nach einer Nacht mit ihr nach Hause schleicht, kann er nur beten, dass sie sich nicht wieder bei ihm meldet. Und tatsächlich vergeht manchmal eine Woche ohne ein Wort von ihr. Dann, gerade wenn er allmählich das Gefühl hat, dass das Verhältnis der Vergangenheit angehört, ruft sie ihn wieder an, und das Ganze beginnt von vorn.

Er glaubt an leidenschaftliche Liebe und ihre verwandelnde Kraft. Seine Erfahrung ist jedoch, dass Liebesbeziehungen seine Zeit verschlingen, ihn auslaugen und seine Arbeit behindern. Ist es möglich, dass er nicht dazu geschaffen ist, Frauen zu lieben, dass er in Wahrheit schwul ist? Wenn er schwul wäre, würde das seine Leiden von Anfang bis Ende erklären. Doch seit seinem siebzehnten Lebensjahr ist er immer fasziniert gewesen von der Schönheit der Frauen, von der Atmosphäre geheimnisvoller Unerreichbarkeit, die sie umgibt. Als Student glühte er im ständigen Liebesfieber, einmal für dieses, das andere Mal für jenes Mädchen, manchmal für zwei gleichzeitig. Das Lesen von Gedichten steigerte sein Fieber nur noch. Durch die blind machende sexuelle Ekstase wird man in eine Klarheit ohnegleichen versetzt, ins Herz der Stille, sagten die Dichter; man wird eins mit den Elementarkräften des Universums. Obwohl ihm diese Klarheit ohnegleichen bisher nicht zuteil geworden ist, zweifelt er keinen Moment daran, dass die Dichter Recht haben.

Eines Abends lässt er sich auf der Straße ansprechen, von einem Mann. Der Mann ist älter als er – er gehört sogar einer anderen Generation an. Sie fahren mit dem Taxi zum Sloane Square, wo der Mann lebt – offenbar allein. In seiner Wohnung sind überall Kissen mit Quasten und trübe Tischlampen verteilt.

Sie reden kaum miteinander. Er gestattet dem Mann, ihn durch die Kleidung zu berühren; er revanchiert sich nicht. Wenn der Mann einen Orgasmus hat, dann erledigt er es diskret. Danach verlässt er die Wohnung und geht nach Hause.

Ist das Homosexualität? Ist das alles? Auch wenn da noch mehr sein sollte, scheint es ein klägliches Tun im Vergleich zum Sex mit einer Frau: schnell, geistesabwesend, ohne Schrecken, doch auch ohne Reiz. Es scheint nichts auf dem Spiel zu stehen: es gibt nichts zu verlieren, doch auch nichts zu gewinnen. Ein Spiel für Leute, die den vollen Einsatz scheuen, ein Spiel für Verlierer.

Zehn

Der Plan, den er im Hinterkopf hatte, als er nach England kam, soweit er einen Plan hatte, war der, eine Arbeit zu finden und Geld zu sparen. Wenn er genug Geld hätte, würde er kündigen und sich dem Schreiben widmen. Wenn seine Ersparnisse zur Neige gingen, würde er sich eine neue Arbeit besorgen und so weiter.

Er entdeckt bald, wie blauäugig das ist. Sein monatliches Bruttogehalt bei IBM beträgt sechzig Pfund, wovon er höchstens zehn sparen kann. Mit einem Jahr Arbeit kann er zwei Monate Freiheit verdienen; und viel von dieser freien Zeit wird bei der Suche nach dem nächsten Job draufgehen. Das Stipendium aus Südafrika reicht kaum für die Studiengebühren.

Außerdem ist er, wie er nun erfährt, nicht berechtigt, die Arbeitsstelle nach Gutdünken zu wechseln. Neue Vorschriften für Ausländer in England besagen, dass jeder Wechsel der Arbeitsstelle vom Innenministerium genehmigt werden muss. Es ist verboten, frei und ungebunden zu sein – wenn er bei IBM kündigt, muss er sofort eine andere Arbeit finden oder aber das Land verlassen.

Er ist jetzt lange genug bei IBM, um sich an die Routine gewöhnt zu haben. Doch es fällt ihm immer noch schwer, den Arbeitstag durchzustehen. Obwohl ihm und seinen Kollegen beständig eingeschärft wird, in Versammlungen, in Mitteilungen, nicht zu vergessen, dass die Programmierer die Speerspitze des Daten verarbeitenden Berufs sind, ist ihm zumute wie einem gelangweilten Bürodiener bei Dickens, der auf einem Hocker sitzt und modrige Dokumente kopiert.

Die einzigen Unterbrechungen im zähen Tagesablauf gibt es um elf und halb vier, wenn die Teefrau mit ihrem Servierwagen kommt und jedem von ihnen eine Tasse starken englischen Tee vor die Nase setzt (»Hier, mein Guter«). Erst wenn die Fünf-Uhr-Hektik vorbei ist – die Sekretärinnen und Locherinnen gehen auf die Minute pünktlich, Überstunden kommen für sie nicht in Frage – und der Abend vorrückt, ist er frei, seinen Schreibtisch zu verlassen, umherzuwandern, sich zu entspannen. Der Computerraum unten, der von den riesigen Speicherschränken des 7090 beherrscht wird, ist häufig leer; er kann auf dem kleinen 1401 Programme laufen lassen oder sogar heimlich Spiele spielen.

Dann findet er seine Arbeit nicht nur erträglich, sondern angenehm. Er hätte nichts dagegen, die ganze Nacht im Büro zu verbringen, von ihm selbst entworfene Programme laufen zu lassen, bis er müde wird, dann in der Toilette sich die Zähne zu putzen und unter seinem Schreibtisch einen Schlafsack auszurollen. Das wäre besser, als die letzte U-Bahn zu nehmen und auf der Archway Road zu seinem einsamen Zimmer zu trotten. Doch ein solches sonderbares Benehmen wäre bei IBM verpönt.

Er freundet sich mit einer der Locherinnen an. Sie heißt Rhoda; sie hat etwas stämmige Beine, aber einen attraktiven samtig-dunklen Teint. Sie nimmt ihre Arbeit ernst; manchmal bleibt er in der Tür stehen und beobachtet sie, wie sie sich über ihre Tastatur beugt. Sie merkt, dass er sie beobachtet, scheint aber nichts dagegen zu haben.

Es kommt nie dazu, dass er mit Rhoda über etwas anderes als die Arbeit spricht. Ihr Englisch mit seinen Triphthongen und Knacklauten ist nicht immer leicht zu verstehen. Sie ist eine Einheimische auf eine Art, wie es seine Kollegen mit ihrer Gymnasialbildung nicht sind; das Leben, das sie außerhalb der Arbeitszeit führt, ist für ihn ein Buch mit sieben Siegeln.

Bei seiner Ankunft hier im Land war er auf die berühmte kühle britische Art gefasst gewesen. Aber die Mädchen bei IBM sind überhaupt nicht so, stellt er fest. Sie haben ihre eigene wohlige Sinnlichkeit, die Sinnlichkeit von Tieren, die in derselben dampfigen Höhle aufgewachsen sind und die körperlichen Eigenarten voneinander kennen. Obwohl sie den Reiz der Schwedinnen und Italienerinnen nicht erreichen, findet er diese englischen Mädchen mit ihrer Ausgeglichenheit und humorvollen Art anziehend. Er würde Rhoda gern näher kennen lernen. Aber wie? Sie gehört einem fremden Stamm an. Die Hindernisse, die er überwinden müsste, ganz abgesehen von den Stammesbräuchen der Werbung, geben ihm Rätsel auf und entmutigen ihn.

Die Wirtschaftlichkeit des Unternehmens in der Newman Street wird daran gemessen, welchen Gebrauch es vom 7090 macht. Der 7090 ist das Herz des Büros, seine Existenzberechtigung. Wenn der 7090 nicht läuft, wird die Zeit Leerzeit genannt. Leerzeit ist unwirtschaftlich, und Unwirtschaftlichkeit ist eine Sünde. Das oberste Ziel des Büros ist, den 7090 Tag und Nacht laufen zu lassen; die geschätztesten Kunden sind die, welche den 7090 stundenlang ununterbrochen in Anspruch nehmen. Solche Kunden gehören in den Machtbereich der leitenden Programmierer; er hat mit ihnen nichts zu schaffen.

Eines Tages jedoch tauchen bei einem der wichtigen Kunden Probleme mit seinen Daten auf, und er wird beauftragt, ihm zu helfen. Der Kunde ist ein gewisser Mr. Pomfret, ein kleiner Mann mit zerknittertem Anzug und Brille. Er kommt jeden Donnerstag aus dem Norden Englands nach London und bringt jede Menge Kästen mit Lochkarten mit; er hat den 7090 regelmäßig für sechs Stunden von Mitternacht an gebucht. Aus Bürotratsch erfährt er, dass die Karten Windkanaldaten für einen neuen britischen Bomber, den TSR-2, enthalten, der für die RAF entwickelt wird.

Mr. Pomfrets Problem, und das Problem von Mr. Pomfrets Kollegen oben im Norden, ist, dass die Resultate der Testläufe der letzten vierzehn Tage anormal sind. Sie ergeben keinen Sinn. Entweder sind die Testdaten fehlerhaft, oder es stimmt etwas nicht mit der Konstruktion des Flugzeugs. Seine Aufgabe ist es, Mr. Pomfrets Karten auf dem Testcomputer, dem 1401, noch einmal einzulesen und Kontrollen durchzuführen, um herauszufinden, ob sie fehlerhaft gelocht wurden.

Er arbeitet bis nach Mitternacht. Stapel für Stapel lässt er Mr. Pomfrets Lochkarten durch den Leser laufen. Am Ende kann er melden, dass bei der Lochung keine Fehler gemacht wurden. Die Ergebnisse sind in der Tat anormal; das Problem ist echt.

Das Problem ist echt. Auf die zufälligste, auf die untergeordnetste Weise trägt er zum TSR-2-Projekt bei, ist am britischen Verteidigungsvorhaben beteiligt; er hat britische Pläne zur Bombardierung Moskaus unterstützt. Ist er dazu nach England gekommen: um am Bösen teilzuhaben, einem Bösen, das nicht belohnt wird, nicht einmal im Traum? Was ist romantisch daran, die ganze Nacht aufzubleiben, damit Mr. Pomfret, der Flugzeugkonstrukteur, mit seiner sanften und ziemlich hilflosen Art und seinen Koffern voller Lochkarten den ersten Zug nach Norden erwischt und somit rechtzeitig für seine Freitagmorgenbesprechung ins Labor kommt?

Er erwähnt in einem Brief an seine Mutter, dass er Windkanaldaten für den TSR-2 bearbeitet hat, aber seine Mutter hat nicht die geringste Ahnung, was der TSR-2 ist.

Die Windkanal-Versuche werden beendet. Mr. Pomfrets London-Besuche hören auf. Er sucht in den Zeitungen nach Nachrichten vom TSR-2, es gibt aber keine. Der TSR-2 scheint zurückgestellt worden zu sein.

Jetzt, wo es zu spät ist, fragt er sich, was passiert wäre, wenn er die Daten auf den TSR-2-Karten, als er sie bearbeitete, heimlich verfälscht hätte. Wäre das ganze Bomberprojekt durcheinander gebracht worden, oder hätten die Ingenieure im Norden seine unbefugte Einmischung entdeckt? Einerseits würde er gern seinen kleinen Beitrag dazu leisten, dass Russland nicht bombardiert wird. Hat er aber andererseits ein moralisches Recht darauf, die britische Gastfreundschaft zu genießen und gleichzeitig die Luftwaffe des Landes zu sabotieren? Und wie würden die Russen jemals erfahren, dass ein unbekannter Sympathisant im Londoner IBM-Büro ihnen eine Atempause von ein paar Tagen im Kalten Krieg verschafft hatte?

Er weiß nicht, was die Briten gegen die Russen haben.

Großbritannien und Russland sind in allen Kriegen seit 1854, von denen er weiß, auf derselben Seite gewesen. Die Russen haben nie mit einer Invasion Großbritanniens gedroht. Warum verbünden sich dann die Briten mit den Amerikanern, die in Europa wie in der ganzen übrigen Welt den starken Mann markieren? Es ist nicht so, dass die Briten die Amerikaner wirklich liebten. In den Zeitungen sticheln Karikaturisten immer gegen amerikanische Touristen, die sie Zigarre rauchend, schmerbäuchig, in geblümten Hawaiihemden und mit Dollarbündeln wedelnd zeigen. Seiner Meinung nach sollten sich die Briten an die Franzosen halten und aus der NATO austreten, es den Amerikanern und ihren neuen Busenfreunden, den Westdeutschen, überlassen, ihren Groll gegen Russland zu pflegen.

Die Zeitungen sind voller Meldungen über die CND – die Bewegung für Atomare Abrüstung. Die veröffentlichten Fotos von schlaksigen Männern und wenig attraktiven Mädchen mit wirrem Haar, die Plakate schwenken und Losungen rufen, nehmen ihn nicht für die CND ein. Andererseits hat Chruschtschow gerade ein taktisches Meisterstück vollbracht: er hat in Kuba russische Raketenbasen gebaut, als Gegenmaßnahme zum amerikanischen Raketenring um Russland. Jetzt droht Kennedy mit der Bombardierung Russlands, wenn die russischen Raketen nicht aus Kuba abgezogen werden. Dagegen macht die CND mobil: gegen einen Atomschlag, an dem sich amerikanische Raketenbasen in Großbritannien beteiligen würden. Er kann diesen Standpunkt nur unterstützen.

Amerikanische Spionageflugzeuge fotografieren russische Frachtschiffe auf ihrem Weg über den Atlantik nach

Kuba. Die Frachtschiffe bringen noch mehr Raketen, sagen die Amerikaner. Auf den Fotos sind die Raketen – undeutliche Umrisse unter Planen – weiß eingekreist. Seiner Ansicht nach könnten die Umrisse genauso gut Rettungsboote sein. Er ist erstaunt, dass die Zeitungen die amerikanische Story nicht hinterfragen.

Wacht auf!, fordert lautstark die CND: *Wir stehen kurz vor der atomaren Vernichtung*. Könnte das stimmen?, fragt er sich. Werden alle umkommen, er selbst eingeschlossen?

Er geht zu einer großen CND-Demonstration auf dem Trafalgar Square, wobei er darauf achtet, am Rande zu bleiben, um damit zu signalisieren, dass er nur Zuschauer ist. Es ist die erste Massenkundgebung, die er besucht: Fäuste schütteln und Losungen rufen, das Aufpeitschen von Emotionen im Allgemeinen stoßen ihn ab. Nur die Liebe und die Kunst sind es seiner Meinung nach wert, dass man sich ihnen ohne Rückhalt hingibt.

Die Kundgebung ist der Höhepunkt eines Fünfzig-Meilen-Marsches der CND-Anhänger, der vor einer Woche vor den Toren von Aldermaston, dem britischen Atomwaffenstützpunkt, startete. Seit Tagen brachte der *Guardian* von unterwegs Fotos der durchnässten Marschteilnehmer. Jetzt auf dem Trafalgar Square ist die Stimmung düster. Als er sich die Reden anhört, wird ihm klar, dass diese Menschen, oder einige von ihnen, wirklich glauben, was sie sagen. Sie glauben, dass London bombardiert werden wird; sie glauben, dass sie alle sterben werden.

Haben sie Recht? Wenn ja, dann ist das außerordentlich ungerecht: ungerecht den Russen gegenüber, ungerecht den Londonern gegenüber, aber vor allem ungerecht ihm gegenüber, wenn sie alle infolge der amerikanischen Kriegstreiberei zu Asche verbrennen.

Er denkt an den jungen Nikolaj Rostow auf dem Schlachtfeld von Austerlitz, der wie ein hypnotisiertes Kaninchen beobachtet, wie die angreifenden französischen Grenadiere ihn mit ihren schrecklichen Bajonetten bedrohen. *Wie können sie mich töten wollen*, protestiert er bei sich – *mich, den alle so gern haben?*

Vom Regen in die Traufe! Welche Ironie! Den Afrikaanern entkommen zu sein, die ihn in ihre Armee pressen wollen, und den Schwarzen, die ihn ins Meer werfen wollen, um sich auf einer Insel wiederzufinden, die in Kürze eingeäschert werden soll! Was ist das für eine Welt, in der er lebt? Wohin kann man sich wenden, um dem Wüten der Politik nicht ausgeliefert zu sein? Nur Schweden scheint sich aus dem Streit herauszuhalten. Sollte er alles aufgeben und das nächste Schiff nach Stockholm nehmen? Muss man Schwedisch sprechen können, um nach Schweden einreisen zu dürfen? Braucht Schweden Programmierer? Hat man in Schweden überhaupt Computer?

Die Demonstration ist zu Ende. Er kehrt in sein Zimmer zurück. Eigentlich sollte er *The Golden Bowl* (Die goldene Schale) lesen oder an seinen Gedichten arbeiten, aber was hätte das für einen Sinn, was hat überhaupt noch Sinn?

Dann ist ein paar Tage später die Krise plötzlich vorbei. Angesichts der Drohungen von Kennedy kapituliert Chruschtschow. Die Frachtschiffe bekommen den Befehl zur Umkehr. Die schon auf Kuba stationierten Raketen werden abgebaut. Die Russen drechseln Phrasen zur Rechtfertigung ihrer Handlung, aber sie sind deutlich gedemütigt worden. Aus dieser Episode der Geschichte kommen nur die Kubaner ehrenvoll heraus. Unerschrocken schwören die Kubaner, dass sie – ob mit oder ohne Raketen – ihre Revolution bis zum letzten Blutstropfen verteidigen werden. Er spendet den Kubanern und Fidel Castro Beifall. Fidel ist zumindest kein Feigling.

In der Tate Gallery kommt er mit einem Mädchen ins Gespräch, das er für eine Touristin hält. Sie ist schlicht, bebrillt, steht fest auf ihren Füßen – die Sorte Mädchen, die ihn nicht interessiert, zu der er aber vielleicht gehört. Sie heiße Astrid, sagt sie ihm. Sie stammt aus Österreich – aus Klagenfurt, nicht aus Wien.

Es stellt sich heraus, dass Astrid keine Touristin ist, sondern ein Au-pair-Mädchen. Am darauf folgenden Tag geht er mit ihr ins Kino. Ihre Geschmäcker sind ganz verschieden, das erkennt er sofort. Trotzdem lehnt er nicht ab, als sie ihn in das Haus, wo sie arbeitet, einlädt. Er darf einen kurzen Blick in ihr Zimmer werfen: eine Dachkammer mit blauen Gingham-Vorhängen und passender Tagesdecke und einem an das Kissen gelehnten Teddybären.

Unten trinkt er dann Tee mit ihr und ihrer Arbeitgeberin, einer Engländerin, deren kühle Augen ihn taxieren und ihm das Prädikat »mangelhaft« verpassen. Das ist ein europäisches Haus, sagen ihre Augen, wir brauchen hier keinen Tölpel aus den Kolonien, und noch dazu einen Buren.

Es ist keine gute Zeit für einen Südafrikaner in England. Mit viel selbstgerechtem Gehabe hat sich Südafrika zur Republik erklärt und ist prompt aus dem Britischen Commonwealth ausgeschlossen worden. Die Botschaft, die in diesem Ausschluss lag, war unmissverständlich. Die Briten hatten genug von den Buren und von einem burenregierten Südafrika, einer Kolonie, die immer mehr Probleme gemacht hat, als sie wert war. Sie hätten nichts dagegen, wenn Südafrika still hinter dem Horizont verschwände. Ganz gewiss wünschen sie nicht, dass verirrte Südafrikaner wie Waisen auf der Suche nach Eltern auf ihrer Schwelle auftauchen. Er zweifelt nicht daran, dass diese weltmännische Engländerin Astrid zu verstehen geben wird, dass er nicht erwünscht ist.

Weil er einsam ist, vielleicht auch weil er Mitleid mit dieser unglücklichen, linkischen Ausländerin mit ihrem armseligen Englisch hat, geht er wieder mit Astrid aus. Danach überredet er sie ohne guten Grund dazu, mit ihm in seine Wohnung zu kommen. Sie ist noch keine achtzehn, hat noch den Kleinmädchenspeck; er ist noch nie mit einem so jungen Mädchen zusammen gewesen – eigentlich ist sie noch ein Kind. Als er sie auszieht, fühlt sich ihre Haut kalt und schweißfeucht an. Es war falsch von ihm, das weiß er bereits. Er spürt kein Begehren; und obwohl Frauen und ihre Bedürfnisse für ihn gewöhnlich ein Geheimnis sind, ist er bei Astrid sicher, dass sie auch keins spürt. Aber sie sind beide zu weit gegangen, um sich zurückzuziehen, deshalb bringen sie es hinter sich.

In den darauf folgenden Wochen verbringen sie noch einige Abende miteinander. Aber es gibt immer ein Zeitproblem. Astrid kann erst ausgehen, wenn die Kinder ihrer Arbeitgeber zu Bett gebracht worden sind; sie haben höchstens eine knappe Stunde für sich, ehe die letzte Bahn nach Kensington fährt. Einmal ist sie so mutig, die ganze Nacht zu bleiben. Er tut so, als freue er sich darüber, aber das stimmt nicht. Er schläft besser, wenn er allein ist. Wenn jemand sein Bett teilt, liegt er die ganze Nacht angespannt und steif da und wacht erschöpft auf.

Elf

Vor Jahren, als er noch ein Kind war in einer Familie, die sich nach Kräften bemühte, normal zu sein, gingen seine Eltern manchmal Samstagabend zum Tanz. Er schaute ihnen bei den Vorbereitungen zu; wenn er lange genug aufblieb, konnte er seine Mutter hinterher ausfragen. Aber was im Ballsaal des *Masonic Hotel* in Worcester wirklich vor sich ging, bekam er nie zu sehen: welche Tänze seine Eltern tanzten, ob sie so taten, als blickten sie einander dabei in die Augen, ob nur sie beide miteinander tanzten oder ob wie in amerikanischen Filmen ein Fremder die Hand auf die Schulter der Frau legen und sie dem Partner entführen durfte, sodass der Partner sich eine andere Partnerin suchen oder Zigarette rauchend und schmollend in einer Ecke stehen musste.

Warum sich Leute, die schon verheiratet waren, die Mühe machen sollten, sich fein anzuziehen und ins Hotel tanzen zu gehen, wo sie es doch genauso gut zu Hause im Wohnzimmer zur Musik aus dem Radio hätten tun können, war für ihn schwer zu begreifen. Aber für seine Mutter waren die Samstagabende im *Masonic Hotel* offenbar wichtig, so wichtig wie die Freiheit, ein Pferd zu reiten oder, wenn ein Pferd nicht zu haben war, Fahrrad zu fahren. Tanzen und Reiten standen für das Leben, das sie vor ihrer Ehe geführt hatte, bevor sie, in ihrer Version ihrer Lebensgeschichte, eine Gefangene wurde (»Ich werde keine Gefangene in diesem Haus sein!«).

Ihre Resolutheit nützte ihr nichts. Welcher von Vaters Arbeitskollegen es auch gewesen sein mochte, der sie beide samstagabends in seinem Auto zum Tanz mitgenommen hatte, er zog jedenfalls um oder fuhr nicht mehr hin. Das leuchtend blaue Kleid mit der silbernen Anstecknadel, die weißen Handschuhe, das komische Hütchen, das schräg auf dem Kopf saß, verschwanden in Schränken und Schubfächern, und das war's dann.

Und er selbst war froh, dass es mit dem Tanzen ein Ende hatte, obwohl er es nicht äußerte. Er mochte es nicht, wenn seine Mutter ausging, er mochte die geistesabwesende Art nicht, die am nächsten Tag über sie kam. Das Tanzen selbst hatte für ihn sowieso keinen Sinn. Filme, die mit Tanzeinlagen warben, mied er, abgeschreckt von dem dämlich-sentimentalen Ausdruck, der auf die Gesichter der Leute trat.

»Tanzen hält dich in Form«, behauptete seine Mutter beharrlich. »Es schult das Rhythmusgefühl und den Gleichgewichtssinn.« Er war nicht überzeugt. Wenn sich die Leute in Form halten wollten, dann konnten sie Gymnastik machen, Hanteln stemmen oder ums Karree laufen.

In den Jahren, seit er aus Worcester fortgezogen ist, hat er seine Meinung zum Tanzen nicht geändert. Als Student war es für ihn zu peinlich, ohne tanzen zu können auf Partys zu gehen, deshalb meldete er sich in einer Tanzschule für einen Kurs an, den er aus der eigenen Tasche bezahlte: Qickstep, Walzer, Twist, Cha-Cha-Cha. Es half nichts: innerhalb weniger Monate hatte er alles wieder vergessen, und zwar mit voller Absicht. Er weiß auch genau, warum. Nicht einen Augenblick hatte er sich wirklich ganz dem Tanzen hingegeben, nicht einmal während des Unterrichts. Obwohl seine Füße die Schrittfolge ausführten, blieb er innerlich steif vor Widerstreben. Und so ist es immer noch: im tiefsten Grund vermag er nicht einzusehen, warum die Leute tanzen müssen.

Tanzen ergibt nur Sinn, wenn es als etwas anderes interpretiert wird, etwas, das die Leute nicht zugeben wollen. Dieses *andere* ist das Wahre: Der Tanz ist nur Tarnung. Ein Mädchen zum Tanz zu bitten steht dafür, es zu bitten, mit einem zu schlafen; der Einladung zu folgen steht für die Zustimmung zum Beischlaf; und Tanzen imitiert den Beischlaf und nimmt ihn vorweg. So deutlich ist die Übereinstimmung, dass er sich wundert, warum die Leute sich überhaupt mit Tanzen abgeben. Wozu das Aufschmücken, wozu die rituellen Bewegungen; wozu der ganze Schwindel?

Die altmodische Tanzmusik mit ihren groben Rhythmen, die Musik des *Masonic Hotel*, hat ihn immer gelangweilt. Und die primitive Musik aus Amerika, zu der Leute seines Alters tanzen, findet er nur geschmacklos.

Damals in Südafrika kamen die Songs im Radio alle aus Amerika. In den Zeitungen verfolgte man die Eskapaden amerikanischer Filmstars wie besessen, imitierte man sklavisch amerikanische Marotten wie den Hula-Hoop. Warum? Warum sollte man sich in allen Fragen an Amerika orientieren? Hatten sich die Südafrikaner – von den Holländern und nun auch von den Briten verstoßen – dazu entschlossen, Pseudoamerikaner zu werden, obwohl doch die meisten von ihnen noch nie einen echten Amerikaner zu Gesicht bekommen hatten?

In Großbritannien hatte er Amerika zu entfliehen gehofft – amerikanischer Musik, amerikanischen Marotten. Aber zu seiner Verärgerung sind die Briten nicht weniger erpicht darauf, Amerika nachzuäffen. Die Massenblätter bringen Fotos von Mädchen, die bei Konzerten wie wahnsinnig kreischen. Männer mit schulterlangen Mähnen schreien und heulen mit pseudoamerikanischem Akzent und zertrümmern dann ihre Gitarren. Das ist ihm alles völlig unverständlich.

Was mit Großbritannien versöhnt, ist das Dritte Programm. Wenn er sich nach einem Tag bei IBM auf etwas freut, dann darauf, in die Stille seines Zimmers heimzukommen, das Radio anzuschalten und Musik zu empfangen, die er noch nie gehört hat, oder kühle, intellektuelle Wortbeiträge. Abend für Abend öffnen sich ihm garantiert und kostenlos auf Knopfdruck die Pforten.

Das Dritte Programm sendet nur auf Langwelle. Wenn es auf Kurzwelle zu empfangen wäre, hätte er es in Kapstadt hören können. Welche Notwendigkeit hätte es dann gegeben, nach London zu kommen?

In der Reihe »Dichter und Gedichte« gibt es einen Beitrag über einen Russen namens Joseph Brodsky. Joseph Brodsky wurde beschuldigt, ein Sozialparasit zu sein, und zu fünf Jahren Zwangsarbeit in einem Lager auf der Halbinsel Archangelsk im eisigen Norden verurteilt. Die Strafe ist noch nicht verbüßt. Während er in seinem warmen Zimmer in London sitzt, seinen Kaffee schlürft und Rosinen und Nüsse knabbert, gibt es einen Gleichaltrigen, Dichter wie er, der den ganzen Tag Baumstämme sägt, an erfrorenen Fingern herumlaboriert, seine

Stiefel mit Lumpen ausbessert, sich von Fischköpfen und Kohlsuppe ernährt.

»So dunkel wie das Innere einer Nadel«, schreibt Brodsky in einem seiner Gedichte. Er kann die Zeile nicht vergessen. Wenn er sich konzentrierte, wirklich Nacht für Nacht konzentrierte, wenn er durch bloße Anspannung den Segen der Inspiration auf sich herabzwänge, würde ihm vielleicht etwas Ebenbürtiges einfallen. Denn er hat es in sich, weiß er, seine Phantasie hat dieselbe Färbung wie die Brodskys. Aber wie soll das dann bis nach Archangelsk dringen?

Durch die Gedichte, die er im Radio gehört hat, und durch nichts sonst kennt er Brodsky, kennt ihn durch und durch. Das vermögen Gedichte. Dichtung ist Wahrheit. Aber dass es ihn in London gibt, davon kann Brodsky nichts wissen. Wie kann er dem Mann in Eis und Schnee sagen, dass er bei ihm, an seiner Seite ist, Tag für Tag?

Joseph Brodsky, Ingeborg Bachmann, Zbigniew Herbert: von einsamen Flößen auf den sturmgepeitschten dunklen Meeren Europas lassen sie ihre Worte in die Luft steigen, und auf Ätherwellen eilen die Worte in sein Zimmer, die Worte der Dichter seiner Zeit, die ihm wieder zeigen, was Dichtung sein kann und was er deshalb sein kann, und die ihn froh machen, weil er dieselbe Erde wie sie bewohnt. »das Signal in London empfangen – bitte weiter senden«: Das ist die Botschaft, die er ihnen schicken würde, wenn er könnte.

In Südafrika hatte er ein oder zwei Stücke von Schönberg und Berg gehört – *Verklärte Nacht*, das Violinkonzert. Jetzt hört er zum ersten Mal die Musik Anton von Weberns. Man hat ihn vor Webern gewarnt. Webern geht zu weit, hat er gelesen: was Webern schreibe, sei keine Musik mehr, es seien nur willkürliche Geräusche. Über das Radio gebeugt lauscht er. Erst eine Note, dann noch eine und noch eine, kalt wie Eiskristalle, wie Sterne am Firmament aufgereiht. Ein oder zwei Minuten dieser Verzückung, dann ist es vorbei.

Webern wurde 1945 von einem amerikanischen Soldaten erschossen. Ein Missverständnis, hieß es, ein Kriegsunfall. Der Geist, der diese Klänge, diese stillen Zwischenräume entwarf, dieses Gebilde aus Klang und Stille, für immer ausgelöscht.

Er besucht eine Ausstellung der abstrakten Expressionisten in der Tate Gallery. Eine Viertelstunde lang steht er vor einem Jackson Pollock und gibt dem Bild eine Chance, zu ihm durchzudringen, wobei er verständig auszusehen versucht, falls ein weltmännischer Londoner diesen provinziellen Ignoranten beobachten sollte. Es nützt nichts. Das Gemälde sagt ihm nichts. Es hat etwas, was er nicht versteht.

Im nächsten Raum, hoch oben an der Wand, hängt ein Riesengemälde, das aus nichts als einem länglichen schwarzen Klecks auf weißem Feld besteht. *Hommage an die Spanische Republik 24* von Robert Motherwell, lautet die Beschriftung. Er ist gebannt. Bedrohlich und geheimnisvoll nimmt ihn die schwarze Form gefangen. Ein Klang wie ein Gongschlag geht davon aus und entlässt ihn erschüttert und mit weichen Knien.

Woher nimmt sie ihre Macht, diese amorphe Form, die keine Ähnlichkeit mit Spanien oder mit sonst etwas hat, aber einen Springquell dunkler Gefühle in ihm auslöst? Sie ist nicht schön, spricht aber wie die Schönheit, gebieterisch. Warum hat Motherwell diese Macht und nicht Pollock oder van Gogh oder Rembrandt? Ist es dieselbe Macht, die sein Herz beim Anblick der einen Frau schneller schlagen lässt, bei der anderen aber nicht? Entspricht *Hommage an die Spanische Republik* einer in seiner Seele wohnenden Form? Wie ist das mit der Frau, die sein Schicksal sein wird? Ist ihr Schatten schon in seinem dunklen Inneren gespeichert? Wie lange noch, bis sie sich offenbart? Wenn sie es tut, wird er vorbereitet sein?

Die Antwort weiß er nicht. Aber wenn er ihr als einer Ebenbürtigen begegnen kann, ihr, der ihm Bestimmten, dann wird ihre Liebe ohne Beispiel sein, dessen ist er gewiss, eine Ekstase, die dem Tod nahe kommt; und wenn er danach ins Leben zurückkehrt, dann als ein neues Wesen, verwandelt. Ein vernichtender Blitz, wie wenn sich entgegengesetzte Pole berühren, wie wenn sich Zwillinge paaren; dann die langsame Wiedergeburt. Er muss bereit sein dafür. Bereitsein ist alles.

Im Everyman-Kino gibt es eine Satyajit-Ray-Reihe. Er sieht sich an aufeinander folgenden Abenden in einem Zustand der völligen Versunkenheit die Apu-Trilogie an. In Apus verbitterter, eingesperrter Mutter, in seinem sympathischen, schwachen Vater erkennt er plötzlich schuldbewusst seine eigenen Eltern. Aber es ist vor allem die Musik, die ihn packt, Schwindel erregend dichtes Zusammenspiel von Trommeln und Saiteninstrumenten, lange Flötenarien, deren Tonleiter oder Tonart – er ist in der Musiktheorie nicht bewandert genug, um das zu entscheiden – ihm ans Herz greift und ihn in eine sinnlich-melancholische Stimmung versetzt, die noch lange anhält, nachdem der Film zu Ende ist.

Bisher hat er in westlicher Musik, vor allem in Bach, alles gefunden, was er braucht. Jetzt entdeckt er etwas, was nicht in Bach enthalten ist, obschon es Andeutungen davon gibt: die freudige Unterwerfung des vernünftigen, denkenden Geistes unter den Tanz der Finger.

Er durchstöbert Schallplattenläden, und in einem stößt er auf die LP eines Sitar-Spielers namens Ustad Vilayat Khan, begleitet von seinem Bruder – einem jüngeren Bruder, nach dem Foto zu urteilen – auf der Vina und einem ungenannten Tabla-Spieler. Er besitzt keinen Plattenspieler, aber er kann sich die ersten zehn Minuten im Laden anhören. Alles ist da: das schwebende Erkunden der Tonfolgen, das bebende Gefühl, das ekstatische Dahinströmen. Er kann sein Glück nicht fassen. Ein neuer Kontinent, und alles für nicht mehr als neun Shilling! Er nimmt die Schallplatte mit nach Hause, stellt sie in ihrer Hülle weg bis zum Tag, an dem er sie sich wieder anhören kann.

Im Zimmer unter ihm wohnt ein indisches Ehepaar. Sie haben ein Baby, das manchmal leise weint. Er und der Mann nicken sich zu, wenn sie einander auf der Treppe begegnen. Die Frau taucht selten auf.

Eines Abends klopft es an seiner Tür. Es ist der Inder. Ob er gern morgen Abend mit ihnen essen würde?

Er nimmt an, aber mit Bedenken. Er ist keine scharfen Gewürze gewohnt. Ob er essen kann, ohne zu prusten und zu spucken und sich zu blamieren?

Als er hinkommt, wird er sofort beruhigt. Die Familie stammt aus Südindien; sie sind Vegetarier. Scharfe Gewürze gehören nicht unbedingt zur indischen Küche, erklärt sein Gastgeber: sie wurden nur eingeführt, um den Geschmack verfaulenden Fleisches zu überdecken. Südindische Speisen sind ziemlich mild für den Gaumen. Und das bestätigt sich dann auch. Was ihm vorgesetzt wird – Kokosmilchsuppe mit Kardamom und Nelken gewürzt, ein Omelett –, ist eindeutig milchig.

Sein Gastgeber ist Ingenieur. Er und seine Frau sind seit etlichen Jahren in England. Sie sind glücklich hier, sagt er. Ihre jetzige Unterkunft ist die beste, die sie bisher hatten. Das Zimmer ist geräumig, das Haus ruhig und ordentlich. Natürlich gefällt ihnen das englische Klima nicht. Aber – er zuckt mit den Schultern – man muss es eben nehmen, wie es kommt.

Seine Frau beteiligt sich kaum an der Unterhaltung. Sie bedient sie, ohne selbst zu essen, dann zieht sie sich in die Ecke zurück, wo das Baby in seinem Körbchen liegt. Ihr Englisch ist nicht gut, sagt ihr Mann.

Sein Nachbar, der Ingenieur, bewundert die westliche Wissenschaft und Technik, beklagt, dass Indien rückständig ist. Obwohl Lobgesänge auf Maschinen ihn gewöhnlich langweilen, widerspricht er dem Mann nicht. Das sind hier in England die ersten Leute, die ihn in ihr Heim eingeladen haben. Und mehr noch: es sind Farbige, sie wissen, dass er Südafrikaner ist, doch sie haben ihm die Hand entgegengestreckt. Er ist dankbar.

Die Frage ist, was er mit seiner Dankbarkeit anfangen soll. Es ist undenkbar, dass er sie in sein Zimmer im obersten Stock einlädt, Mann und Frau und das zweifellos weinende Baby, um Tütensuppe zu essen, gefolgt, wenn nicht von Chipolatas, dann von Makkaroni mit Käsesoße. Aber wie sonst erwidert man Gastfreundschaft?

Eine Woche vergeht, und er unternimmt nichts, dann eine zweite Woche. Seine Verunsicherung wächst. Er fängt an, morgens an seiner Tür zu lauschen und darauf zu warten, dass der Ingenieur zur Arbeit geht, ehe er auf den Treppenabsatz hinaustritt.

Es muss eine Geste geben, einen schlichten Akt, mit dem er sich revanchieren kann, aber ihm fällt nichts ein, oder vielleicht will er nicht, dass ihm etwas einfällt, und in Bälde ist es sowieso zu spät. Was stimmt mit ihm nicht? Warum macht er sich die einfachsten Dinge so schwer? Wenn die Antwort lautet, dass es sein Naturell ist, wozu ist ein solches Naturell gut? Warum sollte er nicht sein Naturell ändern?

Aber ist es wirklich sein Naturell? Er bezweifelt es. Es fühlt sich nicht natürlich an, es ist wie eine Krankheit, eine moralische Krankheit: Geiz, Engherzigkeit – es unterscheidet sich im Grunde nicht von seiner Kälte Frauen gegenüber. Kann man aus einer solchen Krankheit Kunst machen? Und wenn man es kann, was sagt das über die Kunst?

Vor einem Zeitungsshop in Hampstead liest er auf einer Anschlagtafel: »Vierter für Wohnung in Swiss Cottage gesucht. Eigenes Zimmer, gemeinsame Küche.«

Er mag keine Wohngemeinschaften. Er wohnt lieber allein. Aber solange er allein wohnt, wird er nie aus seiner Isolation ausbrechen. Er ruft an, vereinbart einen Besichtigungstermin.

Der Mann, der ihm die Wohnung zeigt, ist ein paar Jahre älter als er. Er hat einen Bart, trägt eine blaue Nehru-Jacke mit Goldknöpfen. Miklos ist sein Name, und er stammt aus Ungarn. Die Wohnung selbst ist sauber und luftig; das Zimmer, das ihm gehören wird, ist größer als das, was er jetzt gemietet hat, und auch moderner. »Ich nehme es«, sagt er, ohne zu zögern, zu Miklos. »Soll ich Ihnen eine Anzahlung machen?«

Aber so einfach ist das nicht. »Lassen Sie Ihren Namen und Ihre Telefonnummer da, und ich setze Sie auf die Liste«, sagt Miklos.

Er wartet drei Tage lang. Am vierten Tag ruft er an. Miklos ist nicht da, sagt das Mädchen am anderen Ende der Leitung. Das Zimmer? Oh, das Zimmer ist vergeben, schon seit einigen Tagen.

Ihre Stimme klingt leicht rauchig und exotisch; bestimmt ist sie schön, intelligent, elegant. Er fragt nicht, ob sie Ungarin ist. Aber wenn er das Zimmer bekommen hätte, würde er jetzt in einer Wohnung mit ihr wohnen. Wer ist sie? Wie heißt sie? War sie die ihm vom Schicksal bestimmte Geliebte, und ist ihm nun sein Schicksal entschlüpft? Wer ist der Glückliche, der das Zimmer zugesprochen bekam, mit der Zukunft, die seine hätte sein sollen?

Als er die Wohnung besichtigte, hatte er den Eindruck, dass ihn Miklos nur der Form halber herumführte. Er kann sich nur denken, dass Miklos jemanden suchte, der mehr als nur ein Viertel der Miete zum Haushalt beizusteuern hatte, jemand, der dazu noch Fröhlichkeit oder Stil oder Romantik anzubieten hätte. Mit einem Blick hatte Miklos erfasst, dass ihm Fröhlichkeit, Stil und Romantik abgingen, und hatte ihn abgelehnt.

Er hätte die Initiative ergreifen sollen. »Ich bin nicht, was ich zu sein scheine«, hätte er sagen sollen. »Vielleicht sehe ich wie ein Büroangestellter aus, aber eigentlich bin ich ein Dichter, ein zukünftiger Dichter. Darüber hinaus werde ich meinen Teil der Miete pünktlich zahlen, was mehr ist, als die meisten Dichter tun.« Aber er hatte sich nicht geäußert, hatte nicht für sich und seine Berufung geworben, wie bescheiden auch immer; und nun ist es zu spät.

Wie kommt ein Ungar dazu, über eine Wohnung im vornehmen Viertel Swiss Cottage verfügen zu können, sich nach der neuesten Mode zu kleiden, spät am trägen Morgen aufzuwachen, neben sich im Bett das bestimmt schöne Mädchen mit der rauchigen Stimme, während er den ganzen Tag für IBM schuften und in einem trostlosen Zimmer unweit der Archway Road wohnen muss? Wie sind die Schlüssel, mit denen man sich Zugang zu den Freuden Londons verschafft, in Miklos' Besitz gelangt? Wo bekommen solche Leute das Geld her, das ihnen ihr unbeschwertes Leben ermöglicht?

Er hat Menschen nie gemocht, die sich nicht an die Gesetze halten. Wenn die Gesetze missachtet werden, hat das Leben keinen Sinn mehr: man könnte ebenso gut, wie Iwan Karamasow, seine Eintrittskarte abgeben und sich zurückziehen. Aber London scheint voller Leute zu sein, die die Gesetze missachten und damit durchkommen. Offenbar ist er der Einzige, der dumm genug ist, sich nach den Gesetzen zu richten, er und die anderen Büroangestellten mit den dunklen Anzügen, bebrillt und drangsaliert, die er in der U-Bahn sieht. Was sollte er also tun? Sollte er sich nach Iwan richten? Sollte er sich nach Miklos richten? Ihm scheint, er scheitert, nach wem er sich auch richtet. Denn er hat kein Talent zum Lügen, Täuschen oder Gesetzebrechen, wie er auch kein Talent für Vergnügungen und modische Sachen hat. Er ist einzig und allein talentiert für Unglück, für dumpfes, ehrliches Unglück. Wenn diese Stadt Unglück nicht belohnt, was hat er dann hier zu suchen?

Zwölf

Jede Woche kommt ein Brief von seiner Mutter, ein hellblauer Luftpostbrief, adressiert in ordentlicher Blockschrift. Mit Verzweiflung nimmt er diese Beweise ihrer unwandelbaren Liebe zu ihm entgegen. Will seine Mutter nicht begreifen, dass er alle Verbindungen zur Vergangenheit abgebrochen hat, als er Kapstadt verließ? Wie kann er ihr verständlich machen, dass der Prozess seiner Verwandlung in eine andere Person, den er als Fünfzehnjähriger begonnen hat, ohne Bedauern fortgeführt werden wird, bis alle Erinnerung an die Familie und das Land, die er beide hinter sich ließ, ausgelöscht ist? Wann wird sie erkennen, dass er sich so weit von ihr entfernt hat, dass er ebenso gut ein Fremder sein könnte?

In ihren Briefen erzählt ihm die Mutter familiäre Neuigkeiten, erzählt ihm von ihren jüngsten Arbeitsaufgaben (sie zieht von Schule zu Schule als Aushilfskraft für kranke Lehrer). Sie beendet ihre Briefe mit der Hoffnung, dass er gesund ist, dass er immer daran denkt, sich warm anzuziehen, dass ihn nicht die Grippe erwischt hat, die – wie sie gehört hat – ganz Europa heimsucht. Von südafrikanischen Angelegenheiten schreibt sie nichts, weil er ihr klar gemacht hat, dass sie ihn nicht interessieren.

Er erwähnt, dass er seine Handschuhe in einer Bahn vergessen hat. Ein Fehler. Prompt kommt ein Luftpostpäckchen: ein Paar Schaffellhandschuhe. Das Porto kostet mehr als die Handschuhe.

Sie schreibt ihre Briefe sonntagabends und bringt sie rechtzeitig für die Leerung am Montagmorgen zum Briefkasten. Er kann sich nur allzu leicht die Szene in der Wohnung, in die sie und sein Vater und Bruder gezogen sind, als sie das Haus in Rondebosch verkaufen mussten, vorstellen. Das Abendbrot ist beendet. Sie räumt den Tisch ab, setzt ihre Brille auf, zieht die Lampe heran. »Was machst du jetzt?«, fragt der Vater, der sich vor den Sonntagabenden fürchtet, wenn der *Argus* von vorn bis hinten durchgelesen ist und nichts zu tun bleibt. »Ich muss John schreiben«, erwidert sie, schürzt die Lippen und schließt ihn aus. *Mein lieber John*, fängt sie an.

Was hofft sie mit diesen Briefen zu erreichen, diese störrische, taktlose Frau? Kann sie nicht begreifen, dass Beweise ihrer Treue, ganz egal wie beharrlich sie sind, ihn nie dazu bringen werden, nachzugeben und zurückzukommen? Kann sie nicht akzeptieren, dass er nicht normal ist? Sie sollte ihre Liebe auf seinen Bruder konzentrieren und ihn selbst vergessen. Sein Bruder ist ein unkomplizierterer und unschuldigerer Mensch. Sein Bruder hat ein weiches Herz. Lass den Bruder die Bürde übernehmen, sie zu lieben; lass sie ihm erzählen, dass er von jetzt an ihr Erstgeborener, ihr Liebling ist. Dann wird er, der Neuvergessene, frei sein, sein eigenes Leben zu leben.

Sie schreibt jede Woche, aber er antwortet nicht jede

Woche. Das wäre zu viel Gegenseitigkeit. Er antwortet nur hin und wieder, und seine Briefe sind kurz und sagen wenig, außer dass er, weil sie geschrieben wurden, noch unter den Lebenden weilen muss.

Das ist das Schlimmste dabei. Das ist die Falle, die sie aufgestellt hat, eine Falle, der er noch nicht zu entkommen gelernt hat. Wenn er alle Verbindungen abbrechen, wenn er überhaupt nicht mehr schreiben würde, dann zöge sie die schlimmste Schlussfolgerung, die denkbar schlimmste; und bei dem bloßen Gedanken an den Schmerz, der sie dann durchbohren würde, möchte er sich die Ohren und die Augen zuhalten. Solange sie lebt, wagt er nicht zu sterben. Solange sie lebt, gehört ihm daher sein Leben nicht. Er darf nicht leichtsinnig damit umgehen. Obwohl er sich selbst nicht besonders liebt, muss er um ihretwillen auf sich aufpassen, und das geht sogar so weit, dass er sich warm anzieht, das Richtige isst, Vitamin C schluckt. Und was Selbstmord angeht, so kommt der überhaupt nicht in Frage.

Die Nachrichten von Südafrika, die ihn erreichen, kommen von der BBC und dem *Manchester Guardian*. Er liest die Berichte im *Guardian* mit Entsetzen. Ein Farmer bindet einen seiner Arbeiter an einen Baum und peitscht ihn zu Tode. Polizisten feuern wahllos in eine Menge. Ein Häftling wird tot in seiner Zelle gefunden, an einem Deckenstreifen erhängt, sein Gesicht ist blau geschlagen und blutig. Schrecken auf Schrecken, Gräuel auf Gräuel, pausenlos.

Er kennt die Ansichten seiner Mutter. Sie glaubt, Südafrika werde von der Welt missverstanden. Schwarze in Südafrika hätten es besser als überall sonst in Afrika. Die Streiks und Proteste wären von kommunistischen Agitatoren geschürt. Was die Farmarbeiter angeht, die ihren Lohn in Form von Maismehl bekommen und die ihre Kinder mit Jutesäcken vor der Winterkälte schützen müssen, so gibt seine Mutter zu, dass das eine Schande ist. Aber solche Dinge geschehen nur im Transvaal. Es sind die Afrikaaner im Transvaal, die mit ihrem dumpfen Hass und ihren harten Herzen das Land so in Verruf bringen.

Seine eigene Meinung, die er ihr ohne Zögern mitteilt, ist die, dass die Russen, statt vor den Vereinten Nationen eine Rede nach der anderen zu halten, unverzüglich in Südafrika einmarschieren sollten. Sie sollten mit Fallschirmjägern in Pretoria landen, Verwoerd und seine Spießgesellen gefangen nehmen, an die Wand stellen und erschießen.

Was die Russen, wenn sie Verwoerd erschossen haben, dann tun sollten, sagt er nicht, weil er es nicht zu Ende gedacht hat. Der Gerechtigkeit muss Genüge getan werden, das ist alles, was zählt; der Rest ist Politik, und er interessiert sich nicht für Politik. Soweit er zurückdenken kann, sind die Afrikaaner auf den Menschen herumgetrampelt, weil, so behaupten sie, man einst auf ihnen herumgetrampelt ist. Dann soll sich das Rad wieder drehen, dann soll Gewalt mit größerer Gewalt beantwortet werden. Er ist froh, nichts mehr damit zu tun zu haben.

Südafrika ist wie ein toter Albatros um seinen Hals. Er will ihn weg haben, es kümmert ihn nicht, wie, damit er frei atmen kann.

Es zwingt ihn ja keiner, den *Manchester Guardian* zu kaufen. Es gibt andere, leichter verdauliche Zeitungen: *The Times* zum Beispiel oder den *Daily Telegraph*. Aber man kann sich darauf verlassen, dass der *Manchester Guar-*

dian keine Meldung über Südafrika auslässt, die ihn innerlich schaudern macht. Wenn er den *Manchester Guardian* liest, kann er wenigstens sicher sein, dass er das Schlimmste weiß.

Seit Wochen hat er sich nicht bei Astrid gemeldet. Jetzt ruft sie an. Ihre Zeit in England ist um, sie kehrt nach Österreich zurück. »Wahrscheinlich sehe ich dich nicht wieder«, sagt sie, »deshalb rufe ich an, um mich zu verabschieden.«

Sie versucht, sachlich zu sein, aber er hört, dass sie den Tränen nahe ist. Schuldbewusst schlägt er ein Treffen vor. Sie trinken zusammen Kaffee, sie kommt danach mit zu ihm und verbringt die Nacht (»unsere letzte Nacht«, nennt sie es) an ihn geklammert, leise weinend. Früh am nächsten Morgen (es ist ein Sonntag) hört er sie aus dem Bett kriechen und auf Zehenspitzen ins Bad auf dem Treppenabsatz schleichen, um sich anzuziehen. Als sie zurückkommt, stellt er sich schlafend. Er braucht bloß das kleinste Zeichen zu geben, weiß er, und sie bleibt. Wenn er dann, ehe er ihr seine Aufmerksamkeit widmete, zuerst lieber etwas anderes täte, wie zum Beispiel Zeitung lesen, dann würde sie still in einer Ecke sitzen und warten. Dieses Benehmen scheint man Mädchen in Klagenfurt beizubringen: nichts zu fordern, zu warten, bis der Mann bereit ist, und ihm dann zu dienen.

Er wäre gern netter zu Astrid, so jung, so allein in der großen Stadt. Er würde gern ihre Tränen trocknen, sie zum Lächeln bringen; er würde ihr gern beweisen, dass sein Herz nicht so hart ist, wie es den Anschein hat, dass er fähig ist, ihre Bereitwilligkeit mit Bereitwilligkeit seinerseits zu beantworten, einer Bereitwilligkeit, so zärtlich zu ihr zu sein, wie sie es möchte, und ein Ohr für ihre Geschichten über Mutter und Brüder daheim zu haben. Aber er muss aufpassen. Zu viel Wärme, und sie gibt vielleicht ihr Flugticket zurück, bleibt in London, zieht zu ihm. Zwei Verlierer, die Zuflucht und Trost beieinander suchen: diese Aussicht ist zu demütigend. Sie könnten auch gleich heiraten, er und Astrid, und dann den Rest ihres Lebens wie Invaliden füreinander sorgen. Er gibt also kein Zeichen, sondern liegt da und hält die Augen krampfhaft geschlossen, bis er die Treppe knarren und die Haustür ins Schloss fallen hört.

Es ist Dezember, und es ist bitterkalt geworden. Es schneit, der Schnee verwandelt sich in Matsch, der Matsch friert: auf den Bürgersteigen muss man sich vorsichtig wie ein Bergsteiger von einer sicheren Stelle zur anderen bewegen. Eine Nebeldecke liegt über der Stadt, Nebel, versetzt mit Kohlenstaub und Schwefel. Der Strom fällt aus; die U-Bahn fährt nicht mehr; alte Leute erfrieren in ihren Wohnungen. Der schlimmste Winter des Jahrhunderts, schreiben die Zeitungen.

Er stapft die Archway Road entlang, auf dem Eis rutschend und gleitend, hält einen Schal vors Gesicht und versucht, nicht zu atmen. Seine Sachen riechen nach Schwefel, er hat einen üblen Geschmack im Mund; wenn er hustet, bringt er schwarzen Schleim hoch. In Südafrika ist es Sommer. Wenn er dort wäre, könnte er am Strand von Strandfontein sein, meilenweit unter einem weiten blauen Himmel über weißen Sand laufen.

Während der Nacht platzt in seinem Zimmer ein Wasserrohr. Der Boden wird überschwemmt. Als er aufwacht, ist er von einer Eisfläche umgeben.

Es ist wieder wie damals beim *Blitz*, den deutschen Luftangriffen, schreiben die Zeitungen. Sie bringen Geschichten über Suppenküchen für die Obdachlosen, organisiert von Helferinnen, über Reparaturtrupps, die die ganze Nacht lang schuften. Man sagt, die Krise bringt die besten Seiten der Londoner zum Vorschein, die den Widrigkeiten mit ruhiger Kraft und stets einen Scherz auf den Lippen begegnen.

Was ihn angeht, so mag er sich ja wie ein Londoner kleiden, wie ein Londoner zur Arbeit stapfen, die Kälte wie ein Londoner ertragen, aber er hat nie einen Scherz auf den Lippen. Nie im Leben würden Londoner ihn für echt halten. Im Gegenteil, Londoner erkennen ihn sofort als einen von diesen Ausländern, die es aus irgendwelchen törichten Gründen vorziehen, da zu leben, wo sie nicht hingehören.

Wie lange muss er noch in England leben, bevor man ihm zugesteht, dass er zum echten Engländer geworden ist? Reicht es, wenn er einen britischen Pass erhält, oder bedeutet ein seltsam klingender ausländischer Name, dass er für immer ausgeschlossen bleibt? Und was bedeutet das überhaupt – »Engländer werden«? England ist die Heimat zweier Nationen: er wird sich für eine entscheiden müssen, entweder für den Mittelklasse-Engländer oder für den Arbeiterklasse-Engländer. Er hat sich offenbar schon entschieden. Er trägt die Uniform der Mittelklasse, liest eine Mittelklasse-Zeitung, imitiert die Sprache der Mittelklasse. Aber solche bloßen Äußerlichkeiten werden ihm die Aufnahme nicht garantieren, bei weitem nicht. Über die Aufnahme in die Mittelklasse – volle Aufnahme, keine limitierte Karte, die nur für gewisse Tageszeiten an gewissen Tagen des Jahres gilt – wurde, soweit er weiß, vor Jahren, sogar vor Generationen, entschieden, nach Regeln, die für ihn immer unergründlich bleiben werden.

Und nun zur Arbeiterklasse: er beteiligt sich nicht an ihren Freizeitaktivitäten, versteht ihre Sprache kaum, hat nie den kleinsten Hinweis von dieser Seite erhalten, dass er willkommen wäre. Die Mädchen bei IBM haben ihre eigenen Freunde aus der Arbeiterklasse, sind voll in Anspruch genommen von Gedanken an Heirat und Kinder und Sozialwohnungen, reagieren frostig auf Annäherungsversuche. Ja, er lebt in England, aber bestimmt nicht auf Einladung der englischen Arbeiterklasse.

Es gibt andere Südafrikaner in London, Tausende, wenn er den Berichten glauben will. Es gibt auch Kanadier, Australier, Neuseeländer, sogar Amerikaner. Aber diese Menschen sind keine Einwanderer, sie wollen nicht bleiben, nicht Engländer werden. Sie sind gekommen, um sich zu vergnügen oder um zu studieren oder um etwas Geld zu verdienen, ehe sie eine Europarundreise machen. Wenn sie genug von der Alten Welt haben, werden sie heimkehren und ihr eigentliches Leben wieder aufnehmen.

Es gibt auch Europäer in London, nicht nur Sprachstudenten, sondern auch Flüchtlinge aus dem Ostblock und, von früher her, aus Nazideutschland. Aber ihre Situation ist eine andere als seine. Er ist kein Flüchtling; oder besser gesagt, ein Anspruch seinerseits auf einen Flüchtlingsstatus würde beim Innenministerium kein Gehör finden. Wer unterdrückt Sie?, würde man beim Innenministerium fragen. Wovor fliehen Sie? Vor Langeweile, wird er antworten. Vor Banausentum. Vor dem Verfall moralischer Grundsätze im täglichen Leben. Vor der Schande. Was wird er mit einer solchen Begründung erreichen?

Dann gibt es noch Paddington. Er geht um sechs abends die Maida Vale oder die Kilburn High Road entlang und sieht unter dem gespenstischen Licht der Natriumdampflampen Scharen von Westindern, vermummt vor der Kälte, zurück in ihre Behausungen trotten. Ihre Schultern hängen, die Hände stecken tief in den Taschen, ihre Haut hat eine pudrig graue Färbung. Was zieht sie von Jamaika und Trinidad in diese herzlose Stadt, wo die Kälte direkt aus den Steinen der Straße steigt, wo man die Stunden des Tageslichts mit mühseliger Arbeit zubringt und die Abende um einen Gasofen gedrängt, in einem gemieteten Zimmer, wo sich die Tapete von der Wand löst und die Sitzmöbel durchgesessen sind? Sicherlich sind sie nicht alle hier, um als Dichter berühmt zu werden.

Die Leute, mit denen er arbeitet, sind zu höflich, um ihre Meinung über ausländische Besucher zu äußern. Trotzdem schließt er aus ihrem Schweigen in bestimmten Momenten, dass er nicht erwünscht ist in ihrem Land, nicht wirklich erwünscht. Sie schweigen auch zum Thema Westinder, aber er kann die Zeichen lesen. NIGGER GO HOME, steht an den Mauern geschrieben. NO COLOURED, verkünden Schilder in den Fenstern von Pensionen. Monat für Monat verschärft die Regierung ihre Einwanderungsgesetze. Westinder werden im Liverpooler Hafen aufgegriffen und eingesperrt, bis sie verzweifeln, dann wieder dahin zurückgeschickt, woher sie kamen. Wenn man ihn nicht spüren lässt, dass er so total unerwünscht ist wie sie, kann das nur an seiner Tarnung liegen: an seinem Moss-Brothers-Anzug, seiner hellen Haut.

Dreizehn

»Nach reiflicher Überlegung bin ich zu dem Schluss gekommen …« »Nach gründlicher Gewissensprüfung habe ich mich entschieden …«

Er arbeitet seit über einem Jahr für IBM: Winter, Frühling, Sommer, Herbst, noch ein Winter, und jetzt fängt wieder ein Frühling an. Sogar im Büro auf der Newman Street, einem schachtelähnlichen Gebäude mit hermetisch verschlossenen Fenstern, kann er die angenehme Veränderung in der Luft spüren. So kann er nicht weitermachen. Er kann kein weiteres Stück seines Lebens dem Prinzip opfern, dass die Menschen sich plagen müssen, um ihr Brot zu verdienen, einem Prinzip, dem er anzuhängen scheint, obwohl er keine Ahnung hat, wie er dazu gekommen ist. Er kann seiner Mutter in Kapstadt nicht ewig demonstrieren, dass er ein solides Leben zu führen gelernt hat und dass sie deshalb aufhören kann, sich Sorgen um ihn zu machen. Gewöhnlich weiß er nicht, was er will, er will es gar nicht wissen. Wenn man zu genau weiß, was man will, bedeutet das seiner Ansicht nach den Tod des schöpferischen Impulses. Aber in diesem Fall kann er es sich nicht leisten, wie gewohnt im

Nebel der Unentschlossenheit dahinzutreiben. Er muss weg von IBM. Er muss raus, egal wie viel Demütigung es kostet.

Im Laufe des letzten Jahres ist seine Handschrift, ohne dass er es steuern kann, immer kleiner und unleserlicher geworden. Als er jetzt an seinem Schreibtisch sitzt und seine Kündigung entwirft, versucht er bewusst, die Buchstaben größer zu machen, die Bögen fetter und selbstsicherer.

»Nach längerem Nachdenken«, schreibt er schließlich, »bin ich zu dem Schluss gekommen, dass meine Zukunft nicht bei IBM liegt. Entsprechend meinem Arbeitsvertrag möchte ich deshalb zum nächsten Monat kündigen.«

Er unterschreibt den Brief, klebt ihn zu, adressiert ihn an Dr. B. L. McIver, Manager, Abteilung Programmierung, und deponiert ihn verstohlen auf dem mit *intern* gekennzeichneten Ablagekasten. Keiner im Büro schenkt ihm einen Blick. Er setzt sich wieder auf seinen Platz.

Bis um drei, wenn die Post das nächste Mal abgeholt wird, hat er Zeit, es sich noch einmal zu überlegen, Zeit, den Brief unbemerkt aus dem Ablagekasten zu nehmen und ihn zu zerreißen. Wenn der Brief aber erst einmal zugestellt ist, sind die Würfel gefallen. Bis morgen wird es sich im Haus herumgesprochen haben: einer von McIvers Leuten, einer der Programmierer aus der zweiten Etage, der Südafrikaner, hat gekündigt. Keiner möchte dann im Gespräch mit ihm gesehen werden. Man wird ihn schneiden. So ist das bei IBM. Kein falsches Mitleid. Er wird als Drückeberger, als Versager, als Aussätziger dastehen.

Um drei kommt die Frau die Post abholen. Er beugt sich über seine Papiere, und sein Herz schlägt heftig.

Eine halbe Stunde später wird er in McIvers Büro gerufen. McIver ist eisig vor Wut. »Was ist das?«, sagt er und deutet auf den Brief, der geöffnet auf dem Schreibtisch liegt.

»Ich habe mich zur Kündigung entschlossen.«

»Warum?«

Er hatte damit gerechnet, dass McIver es übel nehmen würde. McIver hat das Vorstellungsgespräch für die Stelle mit ihm geführt, er hat ihn angenommen und befürwortet, er hat ihm abgenommen, dass er ein ganz normaler Kerl aus den Kolonien ist, der eine Karriere im Computerfach plant. McIver hat seine eigenen Bosse, und denen wird er seinen Fehler erklären müssen.

McIver ist ein großer Mann. Er kleidet sich elegant, spricht mit einem Oxford-Akzent. Das Programmieren interessiert ihn nicht als Wissenschaft oder Fertigkeit oder Kunst oder was es ist. Er ist einfach Manager. Das ist seine Stärke: den Leuten Aufgaben zu geben, ihre Zeit zu verwalten, sie anzutreiben, dass sie für ihr Geld was leisten.

»Warum?«, fragt McIver wieder ungeduldig.

»Die Arbeit bei IBM ist für mich in menschlicher Beziehung nicht sehr befriedigend. Ich finde keine Erfüllung darin.«

»Weiter.«

»Ich hatte mir mehr erhofft.«

»Und was, wenn man fragen darf?«

»Ich hatte mir Freundschaften erhofft.«

»Sie finden die Atmosphäre unfreundlich?«

»Nein, nicht unfreundlich, überhaupt nicht. Alle sind sehr nett gewesen. Aber Freundlichkeit ist nicht dasselbe wie Freundschaft.«

Er hatte gehofft, dass man den Brief als sein letztes Wort gelten lassen würde. Aber diese Hoffnung war naiv. Er hätte wissen müssen, dass sie ihn bloß für den ersten Schuss in einem Krieg nehmen würden.

»Was noch? Wenn Sie sonst noch irgendwelche Sorgen haben, haben Sie jetzt Gelegenheit, damit herauszurücken.«

»Sonst nichts.«

»Sonst nichts. Aha. Sie vermissen Freundschaften. Sie haben keine Freunde gefunden.«

»Ja, so ist es. Ich gebe niemandem die Schuld. Es liegt wahrscheinlich an mir.«

»Und deshalb möchten Sie kündigen.«

»Ja.«

Als die Worte nun heraus sind, klingen sie töricht, und sie sind töricht. Man hat ihn dazu gebracht, törichte Dinge zu sagen. Aber darauf hätte er gefasst sein sollen. Damit lassen sie ihn büßen dafür, dass er sie und den Job, den sie ihm gegeben haben, zurückweist, einen Job bei IBM, dem Marktführer. Wie ein Anfänger beim Schachspiel wird er in die Enge getrieben und matt gesetzt in zehn Zügen, acht Zügen, sieben Zügen. Ein Lehrstück in dominierendem Verhalten. Ach, sollen sie doch. Sollen sie doch ihre Züge machen, worauf er seine törichten, leicht vorherzusehenden, leicht zu durchkreuzenden Gegenzüge macht, bis sie das Spiel langweilt und sie ihn gehen lassen.

Mit einer brüsken Geste beendet McIver das Gespräch. Das wär's für den Augenblick. Er kann an seinen Schreibtisch zurückkehren. Endlich einmal fühlt er sich nicht verpflichtet, Überstunden zu machen. Er kann das Haus um fünf verlassen, den Abend für sich haben.

Am nächsten Morgen wird ihm durch McIvers Sekretärin – McIver selbst rauscht an ihm vorbei und erwidert seinen Gruß nicht – mitgeteilt, dass er sich unverzüglich bei der Personalabteilung der IBM-Zentrale in der City melden soll.

Dem Mann in der Personalabteilung, der sich seinen Fall anhört, ist seine Klage wegen der Freundschaften, die IBM nicht vermittelt hat, zugetragen worden, das ist klar. Vor ihm auf dem Schreibtisch liegt eine offene Aktenmappe; im Laufe der Befragung hakt er Punkte ab. Wie lange ist er schon unzufrieden bei der Arbeit gewesen? Hat er in irgendeinem Stadium mit seinem Vorgesetzten über seine Unzufriedenheit gesprochen? Falls nicht, warum nicht? Sind seine Kollegen in der Newman Street regelrecht unfreundlich gewesen? Nein? Würde er dann seine Klage bitte näher erläutern?

Je öfter die Worte *Freund*, *Freundschaft*, *freundlich* fallen, desto seltsamer klingen sie. Wenn Sie Freunde suchen, kann er den Mann im Geiste sagen hören, dann treten Sie einem Club bei, gehen Sie kegeln, lassen Sie Modellflugzeuge fliegen, sammeln Sie Briefmarken. Warum erwarten Sie von Ihrem Arbeitgeber, IBM, International Business Machines, Hersteller von elektronischen Rechnern und Computern, dass er Ihnen Freunde besorgt?

Natürlich hat der Mann Recht. Welches Recht hat er denn, sich zu beklagen, vor allem in diesem Land, wo alle so kühl miteinander umgehen? Bewundert er die Engländer nicht gerade dafür: für ihre emotionale Zurückhaltung? Schreibt er nicht deswegen in seiner Freizeit eine Dissertation über die Werke von Ford Madox Ford, dem halb deutschen Verherrlicher des englischen Lakonismus?

Verwirrt und stotternd erläutert er seine Klage näher. Seine nähere Erläuterung ist dem Mitarbeiter der Personalabteilung genauso unverständlich wie die Klage selbst. *Falsche Vorstellungen:* das ist das Wort, das der Mann sucht. *Der Angestellte hat sich falsche Vorstellungen gemacht:* das wäre eine angemessene Formulierung. Aber ihm ist nicht danach, hilfreich zu sein. Sollen sie doch selbst einen Weg finden, ihn abzustempeln.

Den Mann interessiert ganz besonders, was er vorhat. Ist sein Gerede von fehlender Freundschaft bloß ein Deckmantel für einen Wechsel von IBM zu einem der Konkurrenten von IBM auf dem Gebiet der Büromaschinen? Hat er Versprechungen bekommen, sind Angebote gemacht worden?

Sein Dementi könnte nicht ernsthafter sein. Er hat keine andere Stelle in Aussicht, weder bei einem Rivalen noch sonst wo. Er hat kein Vorstellungsgespräch gehabt. Er verläßt IBM einfach, um rauszukommen. Er möchte frei sein, das ist alles.

Je mehr er spricht, desto einfältiger hört er sich an, desto unpassender für die Geschäftswelt. Aber er sagt wenigstens nicht: »Ich verlasse IBM, um Dichter zu werden.« Das bleibt wenigstens noch sein Geheimnis.

Aus heiterem Himmel kommt da mitten hinein ein Anruf von Caroline. Sie macht Urlaub an der Südküste, in Bognor Regis, und weiß nicht, was sie mit sich anfangen soll. Warum setzt er sich nicht auf die Bahn und verbringt den Samstag mit ihr?

Sie holt ihn vom Bahnhof ab. In einem Geschäft auf der Hauptstraße mieten sie Fahrräder; bald radeln sie auf leeren Landstraßen durch grüne Weizenfelder. Es ist für die Jahreszeit zu warm. Schweiß läuft in Strömen an ihm herab. Er ist unpassend gekleidet: graue Flanellhosen und Jackett. Caroline trägt einen kurzen tomatenfarbenen Kittel und Sandalen. Ihr blondes Haar leuchtet, ihre langen Beine glänzen, als sie in die Pedale tritt; sie sieht wie eine Göttin aus.

Was macht sie in Bognor Regis?, fragt er. Eine Tante besuchen, antwortet sie, eine lang verloren geglaubte englische Tante. Er fragt nicht weiter nach.

Sie machen am Wegrand Halt, klettern über einen Zaun. Caroline hat Sandwiches mitgebracht; sie finden ein Plätzchen im Schatten eines Kastanienbaums und machen Picknick. Danach hätte sie, wie er spürt, nichts dagegen, wenn er sie liebte. Aber er ist nervös hier draußen im Freien, wo jeden Augenblick ein Farmer oder sogar ein Polizist plötzlich vor ihnen stehen und sie fragen könnte, was ihnen denn eigentlich einfiele.

»Ich habe bei IBM gekündigt«, sagt er.

»Das ist gut. Was hast du vor?«

»Ich weiß nicht. Ich werde mich eine Weile einfach treiben lassen, glaube ich.«

Sie wartet auf mehr, möchte von seinen Plänen hören. Aber er hat nicht mehr zu bieten, keine Pläne, keine Ideen. Er ist eine richtige Pfeife! Warum findet es eine junge Frau wie Caroline der Mühe wert, ihn im Schlepptau zu behalten, eine junge Frau, die sich in England eingewöhnt hat, ihr Leben erfolgreich gestaltet, ihn in jeder Beziehung hinter sich gelassen hat? Ihm fällt nur eine Erklärung ein: dass sie ihn immer noch so sieht, wie er in Kapstadt gewesen ist, als er sich noch als angehender Dichter präsentieren konnte, als er noch nicht war, was er jetzt geworden ist, was IBM aus ihm gemacht hat: ein Eunuch, eine Drohne, ein ängstlicher Junge, der sich beeilt, um ja nicht die 8.17-Bahn zum Büro zu verpassen.

Anderswo in Großbritannien werden Angestellte, die aus dem Betrieb ausscheiden, verabschiedet – wenn nicht mit einer goldenen Uhr, dann wenigstens mit einer Zusammenkunft in der Teepause, mit einer Rede, Beifallsbekundungen und guten Wünschen, ob nun aufrichtig oder unaufrichtig. Er ist lange genug im Land, um das zu wissen. Aber nicht bei IBM. IBM ist nicht Großbritannien. IBM ist die neue Welle, die neue Art. Deshalb wird IBM seine britischen Konkurrenten ausschalten. Die Konkurrenten sind noch immer in der alten, laschen, ineffektiven britischen Art befangen. IBM dagegen ist schlank und hart und gnadenlos. Also gibt es an seinem letzten Arbeitstag keine Verabschiedung. Er räumt seinen Schreibtisch schweigend, verabschiedet sich von seinen Kollegen. »Was willst du nun machen?«, fragt einer von ihnen vorsichtig. Alle haben ganz offensichtlich von der Freundschafts-Geschichte gehört; das macht sie steif und verlegen. »Ach, ich schau mal, was sich so bietet«, antwortet er.

Am nächsten Morgen aufzuwachen ohne Zwang, irgendwohin zu müssen, ist ein interessantes Gefühl. Ein sonniger Tag: er nimmt eine Bahn zum Leicester Square und macht die Runde durch die Buchläden auf der Charing Cross Road. Am Kinn hat er die Stoppeln eines Tages; er hat beschlossen, sich einen Bart wachsen zu lassen. Mit einem Bart wirkt er dann vielleicht nicht mehr so fremd unter den eleganten jungen Männern und schönen Mädchen, die aus den Sprachschulen strömen und mit der U-Bahn fahren. Dann soll der Zufall seinen Lauf nehmen.

Von nun an wird er sich dem Zufall an jeder Wegbiegung präsentieren, hat er beschlossen. Romane sind voller zufälliger Begegnungen, aus denen romantische Schicksale entstehen – romantische oder tragische. Er ist bereit für Romantik, er ist sogar bereit für Tragik, eigentlich bereit für alles, solange es ihn verwandelt und einen neuen Menschen aus ihm macht. Deswegen ist er ja in London: um sein altes Ich loszuwerden und sich in seinem neuen, wahren leidenschaftlichen Ich zu zeigen; und jetzt kann nichts mehr seine Suche hindern.

Die Tage vergehen, und er macht einfach, was er will. Genau genommen ist seine Lage illegal. An seinen Pass angehängt ist die Arbeitserlaubnis, die es ihm gestattet, sich in Großbritannien aufzuhalten. Ohne Arbeit, wie er jetzt ist, hat die Erlaubnis ihre Gültigkeit verloren. Aber wenn er ganz unauffällig lebt, werden sie – die Behörden, die Polizei, wer dafür verantwortlich ist – ihn vielleicht übersehen.

Am Horizont droht das Geldproblem. Seine Ersparnisse werden nicht ewig reichen. Er hat nichts, was sich zu verkaufen lohnte. Wohlweislich kauft er keine Bücher mehr; wenn das Wetter schön ist, läuft er, statt mit der Bahn zu fahren; er ernährt sich von Brot und Käse und Äpfeln.

Der Zufall bedenkt ihn nicht mit einer seiner Segnungen. Aber der Zufall ist unvorhersehbar, man muss dem Zufall Zeit lassen. Auf den Tag, an dem ihm der Zufall schließlich lächelt, kann er nur warten und vorbereitet sein.

Vierzehn

Da er nun frei ist zu tun, was ihm gefällt, hat er sich bald durch das ausufernde Corpus von Fords Werken hindurchgelesen. Es naht der Zeitpunkt, an dem er sein Urteil abliefern muss. Was wird er sagen? In den Naturwissenschaften darf man Negativresultate melden, wenn sich Hypothesen nicht bestätigen lassen. Wie ist das in den Geisteswissenschaften? Wenn er nichts Neues über Ford zu sagen hat, wäre es dann korrekt und ehrenhaft zu bekennen, dass er sich geirrt hat, sein Studium aufzugeben, sein Stipendium zurückzuzahlen; oder wäre es erlaubt, statt einer Dissertation einen Bericht darüber einzureichen, welcher Reinfall sein Forschungsgegenstand gewesen ist, wie enttäuscht er von seinem Helden ist?

Die Aktentasche in der Hand, kommt er gemächlich aus dem British Museum und schließt sich der Menge an, die die Great Russell Street hinuntergeht: Tausende Menschen, von denen sich keiner auch nur im Geringsten dafür interessiert, welche Meinung er in Sachen Ford Madox Ford oder in irgendeiner anderen Sache hat. In der ersten Zeit nach seiner Ankunft in London pflegte er den Passanten kühn ins Gesicht zu starren, auf der Suche nach dem einzigartigen Wesen eines jeden. *Schau, ich schaue dich an!*, sagte er damit. Doch kühne Blicke brachten ihm nichts ein in einer Stadt, in der, wie er bald entdeckte, weder Männer noch Frauen seinen Blick erwiderten, sondern ihm im Gegenteil kühl auswichen.

Jedes Ignorieren seines Blickes war wie ein winziger Stich. Wieder und wieder wurde er bemerkt, für unzureichend befunden, abgelehnt. Bald begann er die Nerven zu verlieren, auszuweichen, noch ehe die Ablehnung kam. Bei Frauen fiel es ihm leichter, verstohlen hinzusehen, Blicke zu erhaschen. So tauschte man offenbar Blicke in London. Aber an verstohlenen Blicken – er konnte sich des Gefühls nicht erwehren – war etwas faul, unsauber. Besser, überhaupt niemanden anzublicken. Besser, kein Interesse an seinen Nachbarn zu haben, gleichgültig zu sein.

Während seines Aufenthalts hier hat er sich sehr verändert; er weiß nicht, ob zu seinem Vorteil. Im gerade vergangenen Winter hat es Zeiten gegeben, wo er vor Kälte und Unglück und Einsamkeit sterben zu müssen meinte. Aber er ist durchgekommen, mehr schlecht als recht. Im nächsten Winter werden ihm Kälte und Unglück weniger anhaben können. Dann ist er dabei, ein echter Londoner zu werden, hart wie Stein.

Zu Stein zu werden ist nicht eins seiner Ziele gewesen, aber vielleicht wird er sich damit abfinden müssen.

Alles in allem erweist sich London als großer Zuchtmeister. Seine Ambitionen sind bescheidener geworden, viel bescheidener. Zuerst haben ihn die Londoner mit ihrer Ambitionslosigkeit enttäuscht. Jetzt ist er dabei, sich ihnen anzupassen. Jeden Tag ernüchtert ihn die Stadt, züchtigt ihn; wie ein verprügelter Hund lernt er.

Da er nicht weiß, was er – wenn überhaupt – über Ford sagen soll, bleibt er früh immer länger im Bett. Wenn er sich schließlich an seinen Schreibtisch setzt, kann er sich nicht konzentrieren. Der Sommer trägt zu seiner Verwirrung bei. Das London, das er kennt, ist eine Stadt des Winters, wo man sich durch jeden Tag hindurchkämpft und auf nichts anderes wartet, als dass die Nacht kommt, man zu Bett geht und alles vergisst. Durch diese milden Sommertage, die gemacht schienen, um sich wohl zu fühlen und zu vergnügen, wird er weiter geprüft: was eigentlich geprüft wird, weiß er nicht mehr genau. Manchmal scheint es, als wäre die Prüfung nur um ihrer selbst willen da, um zu sehen, ob er durchhält.

Er bedauert nicht, dass er bei IBM gekündigt hat. Aber jetzt hat er gar keinen Gesprächspartner mehr, nicht mal Bill Briggs. Tag um Tag vergeht, an denen kein Wort über seine Lippen kommt. Er fängt an, sie mit *S* in seinem Tagebuch zu kennzeichnen: stumme Tage.

Vor der U-Bahn-Station stößt er versehentlich mit einem kleinen alten Mann zusammen, der Zeitungen verkauft. »Entschuldigung!«, sagt er. »Pass gefälligst auf, wo du hinrennst!«, faucht der Mann. »Entschuldigung!«, sagt er noch einmal.

Entschuldigung: das Wort kommt schwer aus seinem Mund, wie ein Stein. Zählt die Äußerung eines so beiläufigen einzelnen Wortes schon als Reden? Ist das, was zwischen ihm und dem Alten vor sich gegangen ist, eine menschliche Kontaktaufnahme gewesen, oder ist es besser beschrieben als einfache soziale Interaktion, wie bei den Ameisen das Berühren mit den Fühlern? Für den Alten war es gewiss gar nichts. Den ganzen Tag steht der Alte mit seinem Stapel Zeitungen da und brabbelt ärgerlich vor sich hin; er wartet immer auf eine Gelegenheit, einen Vorbeigehenden zu beschimpfen. Während in seinem Fall die Erinnerung an das einzelne Wort wochenlang gegenwärtig sein wird, vielleicht lebenslang. Leute anzurempeln, »Entschuldigung!« zu sagen, beschimpft zu werden: eine List, eine billige Art, ein Gespräch zu erzwingen. So kann man die Einsamkeit überlisten.

Er befindet sich im Tal der Prüfungen, und er schneidet dabei nicht besonders gut ab. Aber er kann nicht der Einzige sein, der geprüft wird. Es muss Menschen geben, die das Tal durchschritten haben und auf der anderen Seite herausgekommen sind; es muss Menschen geben, die sich vor der Prüfung gedrückt haben. Auch er könnte sich drücken, wenn er das wollte. Er könnte zum Beispiel nach Kapstadt fliehen und nie zurückkommen. Aber möchte er das? Bestimmt nicht, noch nicht.

Doch wenn er bleibt und bei der Prüfung versagt, schmählich versagt? Was, wenn er – allein in seinem Zimmer – anfängt zu weinen und nicht wieder aufhören kann? Was, wenn er eines Morgens nicht mehr den Mut zum Aufstehen findet, wenn es für ihn einfacher ist, den Tag im Bett zu verbringen – diesen Tag und den nächsten und noch einen, und die Bettwäsche wird immer schmuddeliger? Was passiert mit solchen Menschen, die der Prüfungssituation nicht gewachsen sind und durchdrehen?

Er kennt die Antwort. Sie werden dahin verfrachtet, wo man sich um sie kümmert – in ein Spital, ein Heim, eine Anstalt. In seinem Fall wird man ihn einfach wieder nach Südafrika verfrachten. Die Engländer haben selbst genug Leute, um die sie sich kümmern müssen, genug Leute, die bei der Prüfung versagen. Warum sollten sie sich auch noch um Ausländer kümmern?

Er drückt sich vor einem Haus in der Greek Street, in Soho, herum. *Jackie – Model*, sagt das Schild über der Klingel. Er braucht Verkehr mit Menschen: Was könnte menschlicher sein als Geschlechtsverkehr? Künstler haben seit Urzeiten Prostituierte aufgesucht und sind damit nicht schlecht gefahren, das weiß er aus Büchern. Künstler und Prostituierte sind ja eigentlich auf derselben Seite der gesellschaftlichen Front. Aber *Jackie – Model*: ist ein Model in diesem Land immer eine Prostituierte, oder gibt es im Geschäft mit dem eigenen Körper Abstufungen, Abstufungen, von denen ihm keiner erzählt hat? Könnte *Model* in der Greek Street eine bestimmte Spezialisierung bedeuten, für speziellen Geschmack: zum Beispiel eine Frau, die sich nackt unter einer Lampe zur Schau stellt, während Männer in Regenmänteln im Schatten stehen und sie verstohlen betrachten, lüstern? Wenn er erst einmal auf den Klingelknopf gedrückt hat, gibt es dann eine Möglichkeit, sich zu erkundigen und herauszufinden, was genau gemeint ist, ehe er ganz hineingezogen wird? Und wenn sich nun herausstellt, dass Jackie selbst alt oder fett oder hässlich ist? Und wie steht's mit der Etikette? Besucht man eine wie Jackie einfach so – unangekündigt –, oder wird erwartet, dass man vorher anruft und sich anmeldet? Wie viel kostet das? Gibt es Sätze, die jeder Mann in London kennt, jeder Mann außer ihm? Wenn er nun sofort als Hinterwäldler, als Trottel eingestuft und übers Ohr gehauen wird?

Er zögert, zieht sich zurück.

Auf der Straße geht ein Mann in dunklem Anzug an ihm vorbei, der ihn zu kennen scheint und drauf und dran ist, stehen zu bleiben und ihn anzusprechen. Es ist einer der leitenden Programmierer aus der IBM-Zeit, einer, mit dem er nicht viel zu tun hatte, doch der ihm stets geneigt schien. Er zögert, dann eilt er mit einem verlegenen Kopfnicken an ihm vorbei.

»Na, was treiben Sie denn jetzt so – genießen Sie das Leben?« – Das würde der Mann sagen und leutselig lächeln. Was könnte er darauf erwidern? Dass wir nicht immer nur arbeiten können, dass das Leben kurz ist und wir es genießen müssen, solange wir können? Was für ein Witz, aber auch was für eine Schande! Dass das sture, karge Leben seiner Vorfahren, die in ihrer dunklen Kleidung in der Hitze und dem Staub der Karoo schufteten, nun am Ende zu so etwas führt: ein junger Mann, der im Ausland durch eine Großstadt bummelt, seine Ersparnisse aufzehrt, herumhurt und bei alldem vorgibt, Künstler zu sein! Wie kann er sie so gedankenlos betrügen und dann hoffen, ihren Rachegeistern zu entkommen? Es lag nicht in der Natur dieser Männer und Frauen, fröhlich zu sein und das Leben zu genießen, und es liegt auch nicht in seiner Natur. Er ist ihr Kind, von Geburt an dazu verdammt, trübsinnig zu sein und zu leiden. Wie entsteht Dichtung sonst, außer durch Leiden, als presse man Blut aus einem Stein.

Südafrika ist eine Wunde in seinem Inneren. Wie lange dauert es noch, bis die Wunde zu bluten aufhört? Wie lange noch muss er die Zähne zusammenbeißen und es ertragen, ehe er sagen kann: »Vor langer Zeit lebte ich einmal in Südafrika, aber jetzt lebe ich in England.«

Hin und wieder ist es ihm möglich, sich für einen Moment von außen zu sehen: als flüsternden, besorgten Kindmann, so langweilig und gewöhnlich, dass man ihm keinen zweiten Blick schenkt. Diese plötzlichen Erleuchtungen verstören ihn; statt sie festzuhalten, versucht er, sie im Dunkeln zu begraben, sie zu vergessen. Ist das Ich, das er in solchen Momenten wahrnimmt, nur was er zu sein scheint oder was er wirklich ist? Wenn Oscar Wilde nun Recht hat und es keine tiefere Wahrheit als den äußeren Schein gibt? Kann es sein, dass man langweilig und gewöhnlich nicht nur an der Oberfläche, sondern bis ins tiefste Innere und trotzdem ein Künstler ist? Könnte T. S. Eliot zum Beispiel insgeheim langweilig bis ins Innere sein, und könnte Eliots Behauptung, dass die Persönlichkeit des Künstlers irrelevant für sein Werk ist, nichts als ein Winkelzug sein, um seine Langweiligkeit zu verbergen?

Vielleicht; aber er glaubt nicht daran. Wenn er sich entscheiden soll, ob er Wilde oder ob er Eliot glaubt, wird er immer Eliot glauben. Wenn Eliot sich dazu entschließt, langweilig zu erscheinen, wenn er sich entschließt, einen Anzug zu tragen und in einer Bank zu arbeiten und sich J. Alfred Prufrock zu nennen, dann muss es eine Tarnung sein, Teil einer notwendigen List des Künstlers im modernen Zeitalter.

Um sich vom Laufen durch die Straßen der Stadt zu erholen, zieht er sich manchmal in die Hampstead Heath zurück. Die Luft ist mild und warm, die Wege voller junger Mütter, die Kinderwagen schieben oder miteinander schwatzen, während ihre Kinder herumtollen. Solcher Friede und solche Zufriedenheit! Früher konnte er mit Gedichten über knospende Blumen und Zephirsäuseln nichts anfangen. Jetzt im Land, wo diese Gedichte geschrieben wurden, beginnt er zu verstehen, wie tief die Freude über die Rückkehr der Sonne sein kann.

Erschöpft legt er eines Sonntagnachmittags sein Jackett zu einem Kissen zusammen, streckt sich auf dem

Rasen aus und sinkt in einen Schlaf oder Halbschlaf, in dem das Bewusstsein nicht schwindet, sondern über ihm schwebt. Das ist ein Zustand, der ihm bisher unbekannt gewesen ist: bis in sein Blut hinein scheint er das unablässige Kreisen der Erde zu spüren. Die fernen Rufe der Kinder, das Lied der Vögel, das Summen der Insekten schwellen an und vereinen sich zu einer Freudenhymne. Das Herz wird ihm weit. *Endlich!*, denkt er. Endlich ist er da, der Moment der ekstatischen Einheit mit dem All! Besorgt, dass ihm der Moment entgleitet, versucht er, das Hin und Her der Gedanken anzuhalten, versucht, einfach ein Gefäß für die große Universalkraft zu sein, die keinen Namen hat.

Es dauert nicht länger als einige Sekunden auf der Uhr, dieses Signalerlebnis. Aber als er aufsteht und sein Jackett abklopft, ist er erfrischt, ein neuer Mensch.

Er ist in die große dunkle Stadt gezogen, um geprüft und verwandelt zu werden, und hier, auf diesem Flecken Grün unter der milden Frühlingssonne, erreicht ihn ganz überraschend die Nachricht, dass er vorangekommen ist. Wenn er auch nicht völlig verwandelt wurde, dann ist ihm doch wenigstens ein Fingerzeig geschenkt worden, dass er auf diese Erde gehört.

Fünfzehn

Er muss sehen, wie er Geld sparen kann. Die Miete ist der größte Posten bei seinen Ausgaben. Er inseriert unter der entsprechenden Rubrik im Hampsteader Lokalblatt: »Verantwortungsvoller berufstätiger Mann betreut Ihre Wohnung, lang- oder kurzfristig.« Den zwei Anrufern, die sich daraufhin melden, gibt er IBM als Adresse seiner Arbeitsstelle an und hofft, dass sie es nicht nachprüfen. Er versucht, den Eindruck äußerster Korrektheit zu machen. Das gelingt ihm so gut, dass man ihn engagiert, im Monat Juni auf eine Wohnung im Viertel Swiss Cottage aufzupassen.

Er wird aber leider die Wohnung nicht für sich allein haben. Sie gehört einer geschiedenen Frau mit kleiner Tochter. Während sie in Griechenland weilt, werden das Kind und die Kinderfrau in seiner Obhut sein. Seine Pflichten sind einfach: er soll sich um die Post kümmern, die Rechnungen bezahlen, für Notfälle erreichbar sein. Er wird ein Zimmer zu seiner Verfügung haben und Zugang zur Küche.

Es existiert auch noch ein Exehemann. Der Exmann wird sonntags in Erscheinung treten und seine Tochter ausführen. Er ist, wie das seine Arbeitgeberin oder Gönnerin ausdrückt, »etwas aufbrausend« und sollte »sich nichts herausnehmen« dürfen. Was genau könnte der Ehemann sich herausnehmen wollen?, fragt er. Das Kind über Nacht bei sich behalten, wird ihm gesagt. Die Wohnung durchschnüffeln. Sachen mitnehmen. Auf keinen Fall sollte er Sachen mitnehmen dürfen, ganz egal, was für eine Geschichte er sich ausdenkt – sie schaut ihn bedeutungsvoll an.

Da beginnt er zu verstehen, weshalb man ihn braucht. Die Kinderfrau, die aus Malawi – nicht weit weg von Südafrika – stammt, ist sehr wohl in der Lage, die Wohnung sauber zu halten, einzukaufen, dem Kind zu essen zu geben, es in den Kindergarten zu bringen und wieder abzuholen. Sie ist vielleicht sogar in der Lage, die Rechnungen zu bezahlen. Sie ist jedoch nicht in der Lage, sich gegenüber dem Mann zu behaupten, der bis vor kurzem ihr Arbeitgeber gewesen ist und den sie noch immer *Master* nennt. Die Aufgabe, auf die er sich eingelassen hat, ist eigentlich die eines Wächters, der die Wohnung und das Inventar bewacht vor dem Mann, der bis vor kurzem hier gewohnt hat.

Am ersten Juni nimmt er sich ein Taxi und zieht mit seinem großen und seinem kleinen Koffer von der schäbigen Gegend um die Archway Road in die diskrete Eleganz von Hampstead.

Die Wohnung ist groß und luftig; Sonnenlicht strömt durch die Fenster; es gibt weiche weiße Teppiche, Regale voller vielversprechend wirkender Bücher. Nicht zu vergleichen mit dem, was er bisher in London gesehen hat. Er kann sein Glück nicht fassen.

Während er auspackt, steht das kleine Mädchen, sein

neuer Schützling, an seiner Zimmertür und beobachtet jede Bewegung von ihm. Er hat noch nie auf ein Kind aufpassen müssen. Hat er, weil er gewissermaßen jung ist, ein natürliches Verhältnis zu Kindern? Langsam und vorsichtig und mit dem verbindlichsten Lächeln macht er ihr die Tür vor der Nase zu. Kurz darauf stößt sie die Tür wieder auf und mustert ihn weiter ernsthaft. *Mein Haus*, will sie wohl sagen. *Was machst du in meinem Haus?*

Sie heißt Fiona und ist fünf Jahre alt. Später an diesem Tag macht er einen Versuch, sich mit ihr anzufreunden. Im Wohnzimmer, wo sie spielt, lässt er sich auf die Knie nieder und streichelt die Katze, einen großen, trägen, kastrierten Kater. Das Tier duldet sein Streicheln, wie es offenbar alle Aufmerksamkeiten duldet.

»Will die Miez ihre Milch?«, fragt er. »Wollen wir der Miez Milch geben?«

Das Kind rührt sich nicht, scheint ihn nicht zu hören.

Er geht zum Kühlschrank, gießt Milch in den Katzennapf, nimmt den Napf mit und setzt ihn vor dem Kater hin. Der Kater beschnüffelt die kalte Milch, trinkt aber nicht.

Das Kind umwickelt seine Puppen mit Strick, stopft sie in einen Wäschesack und zieht sie wieder heraus. Wenn das ein Spiel ist, dann eines, dessen Bedeutung er nicht versteht.

»Wie heißen deine Puppen?«, fragt er.

Sie antwortet nicht.

»Wie heißt die schwarze Puppe, der Golliwog? Heißt sie Golly?«

»Das ist kein Golliwog«, sagt das Kind.

Er gibt auf. »Ich muss jetzt arbeiten«, sagt er und zieht sich zurück.

Er soll die Kinderfrau Theodora nennen, hat man ihm gesagt. Theodora muss ihren Namen für ihn erst noch preisgeben: gewiss nicht *Master*. Sie bewohnt ein Zimmer am Ende des Korridors, neben dem Kinderzimmer. Diese beiden Zimmer und die Wäschekammer gelten als ihr Reich. Das Wohnzimmer ist neutrales Gebiet.

Theodora ist nach seiner Schätzung in den Vierzigern. Sie ist bei den Merringtons seit deren letztem Aufenthalt in Malawi angestellt. Der aufbrausende Exmann ist Anthropologe; die Merringtons sind in Theodoras Land auf Forschungsreise gewesen, haben Aufnahmen von Stammesmusik gemacht und Instrumente gesammelt. Theodora wurde bald, in Mrs. Merringtons Worten, »nicht bloß zur Haushalthilfe, sondern zur Freundin«. Man nahm sie mit nach London, weil sie so ein gutes Verhältnis zu dem Kind entwickelt hatte. Ihr Monatslohn, den sie regelmäßig nach Hause schickt, versorgt ihre eigenen Kinder mit Nahrung und Kleidung und ermöglicht ihnen den Schulbesuch.

Und nun ist dieser Perle plötzlich ein Fremder, halb so alt wie sie, vor die Nase gesetzt worden. Mit ihrem Verhalten, ihrem Schweigen gibt ihm Theodora zu verstehen, dass sie etwas gegen seine Anwesenheit hat.

Er nimmt ihr das nicht übel. Die Frage ist nur, ist mehr als verletzter Stolz der Grund für ihre Ablehnung? Sie weiß bestimmt, dass er kein Engländer ist. Lehnt sie ihn als Südafrikaner ab, als Weißen, als Afrikaaner? Sie weiß bestimmt, was Afrikaaner sind. Afrikaaner – Männer mit dicken Bäuchen und roten Nasen in kurzen Hosen und mit Hüten, kugelrunde Frauen in formlosen Kleidern – gibt es überall in Afrika: in Rhodesien, in Angola, in Kenia, bestimmt auch in Malawi. Kann er etwas tun, um ihr klar zu machen, dass er nicht einer von denen ist, dass er Südafrika verlassen hat, dass er fest entschlossen ist, Südafrika für immer hinter sich zu lassen? *Afrika gehört dir; du kannst damit machen, was du willst:* wenn er das zu ihr sagte, aus heiterem Himmel, über den Küchentisch hinweg, würde sie dann ihre Meinung über ihn ändern?

Afrika gehört dir. Was ganz natürlich erschien, als er diesen Kontinent noch seine Heimat nannte, erscheint nun aus der europäischen Perspektive immer absurder: dass eine Hand voll Holländer am Strand von Woodstock an Land gewatet sein soll und dass diese Leute fremdes Gebiet, das sie nie zuvor gesehen hatten, zu ihrem Eigentum erklärt haben sollen; dass ihre Nachfahren nun dieses Gebiet als das ihre ansehen sollten, weil sie dort geboren wurden. Doppelt absurd, weil die erste Mannschaft, die an Land ging, ihren Auftrag missverstand oder absichtlich missverstand. Ihr Auftrag war, einen Garten anzulegen und Spinat und Zwiebeln für die Flotte der Ostindischen Handelskompanie anzubauen. Zwei Morgen, drei Morgen, höchstens fünf Morgen: das war alles, was gebraucht wurde. Es war nun wirklich nicht geplant, dass sie den besten Teil Afrikas stehlen sollten. Wenn sie nur ihre Befehle befolgt hätten, dann wäre er nicht hier, und auch Theodora nicht. Theodora würde fröhlich unter dem malawischen Himmel Hirse stampfen, und er würde – was? Er würde im regnerischen Rotterdam an einem Büroschreibtisch sitzen und Zahlen im Rechnungsbuch addieren.

Theodora ist eine dicke Frau, dick bis in jede Einzelheit, von den Pausbacken bis zu den gepolsterten Knöcheln. Beim Laufen schwankt sie von einer Seite zur anderen und keucht vor Anstrengung. In der Wohnung hat sie Pantoffeln an; wenn sie das Kind früh zur Schule bringt, zwängt sie ihre Füße in Tennisschuhe, zieht einen langen schwarzen Mantel an und setzt eine Strickmütze auf. Sie arbeitet sechs Tage in der Woche. Sonntags geht sie in die Kirche und verbringt den restlichen freien Tag zu Hause. Sie benutzt das Telefon nie; sie scheint keinen Bekanntenkreis zu haben. Was sie tut, wenn sie allein mit sich ist, kann er sich nicht vorstellen. Er wagt sich nicht in ihr Zimmer oder das des Mädchens, selbst wenn sie nicht in der Wohnung sind; dafür hofft er, dass sie nicht in seinem Zimmer herumstöbern.

Unter den Büchern der Merringtons ist ein Band mit pornographischen Bildern aus dem kaiserlichen China. Männer mit merkwürdigen Hüten öffnen ihre Gewänder und richten ungeheuer große Penisse auf die Genitalien winziger Frauen, die gehorsam die Beine spreizen und heben. Die Frauen sind blass und weich, wie Bienenlarven; die mickrigen Beine wirken wie an den Unterleib geklebt. Sehen Chinesinnen ausgezogen immer noch so aus, fragt er sich, oder hat die Umerziehung und die Feldarbeit sie mit richtigen Körpern, richtigen Beinen ausgestattet? Wie stehen seine Chancen, das jemals selbst herauszufinden?

Da er seine mietfreie Unterkunft bekommen hat, weil er den zuverlässigen Berufstätigen vorgespielt hat, muss er weiter so tun, als hätte er einen Job. Er steht früh auf, früher als gewohnt, um zu frühstücken, ehe sich Theodora und das Kind zu regen beginnen. Dann schließt er sich in seinem Zimmer ein. Wenn Theodora das Kind zur Schule gebracht hat und zurückkommt, verlässt er die Wohnung, vorgeblich, um zur Arbeit zu gehen. Zunächst zieht er sogar seinen schwarzen Anzug an, aber bald nimmt er diesen Teil seines Täuschungsmanövers nicht mehr so ernst. Er kehrt um fünf, manchmal um vier, nach Hause zurück.

Nur gut, dass es Sommer ist, dass er nicht auf das British Museum und die Buchläden und Kinos beschränkt ist, sondern durch die Parks schlendern kann. So ähnlich muss sein Vater während der langen Perioden seiner Arbeitslosigkeit gelebt haben: er durchstreifte die Stadt in seiner Bürokleidung oder saß in den Bars, beobachtete die Zeiger der Uhr und wartete auf eine vernünftige Zeit, um nach Hause zu gehen. Wird er sich schließlich doch als Sohn seines Vaters erweisen? Wie tief verwurzelt ist das in ihm, der Hang zum Taugenichts? Wird er sich auch als Säufer erweisen? Muss man eine bestimmte Veranlagung haben, um Säufer zu werden?

Sein Vater trank immer Brandy. Er hat Brandy einmal probiert und kann sich nur an einen unangenehmen, metallischen Nachgeschmack erinnern. In England trinken die Leute Bier, dessen säuerlichen Geschmack er nicht mag. Wenn er Alkohol nicht mag, ist er dann sicher, gefeit davor, ein Säufer zu werden? Wird sich sein Vater noch auf andere, ungeahnte Weise in seinem Leben offenbaren?

Es dauert nicht lang, da erscheint der Exmann auf der Bildfläche. Es ist Sonntagmorgen, er döst im großen, bequemen Bett, als es plötzlich an der Tür klingelt und sich ein Schlüssel im Schloss dreht. Er springt fluchend aus dem Bett. »Hallo, Fiona, Theodora!«, ruft eine Stimme. Ein Schlurfen, rennende Füße. Ohne dass auch nur angeklopft wird, fliegt dann die Tür auf, und sie mustern ihn, der Mann mit dem Kind auf dem Arm. Er hat kaum die Hosen an. »Hallo!«, sagt der Mann, »was haben wir denn da?«

Das ist einer der Ausdrücke, den die Engländer benutzen – ein englischer Polizist zum Beispiel, der einen bei einer Missetat erwischt. Fiona, die erklären könnte, was wir da haben, denkt nicht daran. Stattdessen schaut sie ihn von ihrem erhöhten Platz auf dem Arm ihres Vaters mit unverhohlener Kälte an. Die Tochter ihres Vaters: dieselben kühlen Augen, dieselbe Stirn.

»Ich kümmere mich um die Wohnung während Mrs. Merringtons Abwesenheit«, sagt er.

»Ach ja«, sagt der Mann, »der Südafrikaner. Ich hatte es vergessen. Darf ich mich vorstellen: Richard Merrington. Ich war einmal der Herr im Hause hier. Wie gefällt es Ihnen? Schon eingewöhnt?«

»Ja, mir geht's gut.«

»Schön.«

Theodora taucht auf mit dem Mantel und den Schuhen des Kindes. Der Mann lässt seine Tochter herunter. »Und mach auch Pipi«, sagt er ihr, »bevor wir ins Auto steigen.«

Theodora geht mit dem Kind weg. Sie bleiben zusammen zurück, er und dieser hübsche, gut angezogene Mann, in dessen Bett er geschlafen hat.

»Und wie lange wollen Sie hier bleiben?«, fragt der Mann.

»Nur bis Ende des Monats.«

»Nein, ich meine, wie lange hier im Land?«

»Oh, auf unbestimmte Zeit. Ich habe Südafrika verlassen.«

»Es steht schlecht dort, wie?«

»Ja.«

»Sogar für Weiße?«

Wie antwortet man auf eine solche Frage? *Wenn man vor Scham nicht vergehen will? Wenn man dem Umsturz, der kommen wird, entgehen will?* Warum klingen große Worte so unangemessen in diesem Land?

»Ja«, sagt er. »Jedenfalls finde ich das.«

»Da fällt mir ein«, sagt der Mann. Er geht durchs Zimmer zum Regal mit den Schallplatten, sieht sie durch, zieht eine, zwei, drei heraus.

Das ist genau, wovor er gewarnt wurde, genau das, was er verhindern muss. »Entschuldigung«, sagt er, »Mrs. Merrington hat mich extra darum gebeten …«

Der Mann richtet sich zu seiner vollen Höhe auf und blickt ihn an. »Diana hat sie extra worum gebeten?«

»Dafür zu sorgen, dass nichts die Wohnung verlässt.«

»Unsinn. Das sind meine Schallplatten, sie kann mit ihnen nichts anfangen.« Kaltschnäuzig setzt er seine Suche fort und zieht noch mehr Platten heraus. »Wenn Sie mir nicht glauben, dann rufen Sie Diana doch an.«

Das Kind kommt mit den schweren Stiefeln in das Zimmer getrampelt. »Zum Abmarsch bereit, mein Schatz?«, sagt der Mann. »Auf Wiedersehen. Ich hoffe, alles geht gut. Auf Wiedersehen, Theodora. Mach dir keine Sorgen, wir sind vor ihrer Badezeit zurück.« Und schon ist er mit seiner Tochter und den Schallplatten fort.

Sechzehn

Von seiner Mutter kommt ein Brief. Sein Bruder hat ein Auto gekauft, schreibt sie, einen Unfallwagen Marke MG. Statt zu studieren, verbringt sein Bruder jetzt seine ganze Zeit mit der Reparatur des Autos und versucht, es wieder fahrtüchtig zu machen. Er hat auch neue Freunde, die er ihr nicht vorstellt. Einer davon sieht wie ein Chinese aus. Sie sitzen alle in der Garage herum und rauchen; sie hat den Verdacht, dass die Freunde Alkohol mitbringen. Sie macht sich Sorgen. Mit ihm geht's bergab; wie kann sie ihn retten?

Er hingegen ist fasziniert: Sein Bruder beginnt also endlich, sich aus der Umarmung ihrer Mutter zu befreien. Aber was für eine seltsame Art hat er sich ausgesucht: Kraftfahrzeugtechnik! Kann sein Bruder wirklich Autos reparieren? Wo hat er das gelernt? Er hatte immer geglaubt, dass von ihnen beiden er derjenige wäre, der geschickter in handwerklichen Dingen war und mehr von Technik verstand. Hat er sich da die ganze Zeit getäuscht? Was hat sein Bruder sonst noch in petto?

Es gibt noch mehr Neuigkeiten in dem Brief. Seine Cousine Ilse wird mit einer Freundin bald in England ankommen und hier Station machen, ehe sie zu einem Campingurlaub in die Schweiz weiterreisen. Würde er ihnen London zeigen? Sie teilt ihm die Adresse der Jugendherberge in Earls Court mit, wo sie wohnen werden.

Er ist erstaunt, dass seine Mutter nach allem, was er ihr gesagt hat, annehmen kann, er wünsche Kontakt mit Südafrikanern, und besonders mit der Familie seines Vaters. Er hat Ilse seit ihrer beider Kinderzeit nicht gesehen. Was kann er wohl mit ihr gemein haben, mit einem Mädchen, das irgendwo am Ende der Welt zur Schule gegangen ist und sich für einen Urlaub in Europa – einen Urlaub, den bestimmt ihre Eltern bezahlt haben – nichts Besseres ausdenken kann, als durch die gemütliche Schweiz zu wandern, ein Land, das in seiner ganzen Geschichte nicht einen großen Künstler hervorgebracht hat?

Aber da jetzt ihr Name gefallen ist, geht ihm Ilse nicht mehr aus dem Sinn. Er erinnert sich an sie als an ein gertenschlankes, flinkes Mädchen mit langen blonden Haaren, die zu einem Pferdeschwanz zusammengebunden waren. Inzwischen muss sie mindestens achtzehn sein. Wie sie sich wohl herausgemacht hat? Wenn nun der häufige Aufenthalt im Freien aus ihr eine Schönheit gemacht hat, für wie kurze Zeit auch immer? Denn er hat das Phänomen viele Male bei Farmkindern beobachtet: ein Frühling der körperlichen Perfektion, ehe die Vergröberung und Verfettung einsetzt, die sie zu Abbildern ihrer Eltern machen wird. Sollte er die Gelegenheit ausschlagen, mit einer hoch gewachsenen arischen Jägerin an seiner Seite durch die Straßen Londons zu spazieren?

Er bemerkt das erotische Prickeln, das mit seiner Phantasie verbunden ist. Was ist an seinen Cousinen oder bloß der Vorstellung von ihnen, das in ihm Begehren weckt? Ist es nur der Reiz des Verbotenen? Funktioniert ein Tabu so: es erzeugt Begehren durch das Verbot? Oder ist der Ursprung seines Begehrens weniger abstrakt: Erinnerungen an Balgereien zwischen Mädchen und Junge, Körper an Körper, seit der Kindheit bewahrt und nun freigesetzt in sexuellen Empfindungen, die auf ihn einstürmen? Vielleicht das, und das Versprechen der Ungezwungenheit, der Leichtigkeit: zwei Menschen mit einer gemeinsamen Geschichte, einer Familie, einer verwandtschaftlichen Vertrautheit, noch ehe das erste Wort gesprochen wird. Man braucht sich nicht miteinander bekannt zu machen und sich langsam vorzutasten.

Er hinterlässt eine Nachricht bei der Earls-Court-Adresse. Ein paar Tage später kommt ein Anruf: nicht von Ilse, sondern von der Freundin, der Begleiterin, die unbeholfen Englisch spricht, *is* und *are* verwechselt. Sie hat schlechte Nachrichten: Ilse ist krank, sie hat Grippe, aus der sich eine Lungenentzündung entwickelt hat. Sie ist in einer Klinik in Bayswater. Ihre Reisepläne müssen warten, bis es ihr besser geht.

Er besucht Ilse in der Klinik. Seine ganzen Hoffnungen werden zunichte gemacht. Sie ist keine Schönheit, nicht mal besonders groß, bloß ein ganz normales Mädchen mit Mondgesicht und Maushaar, das beim Sprechen pfeifend atmet. Er begrüßt sie, ohne sie zu küssen, aus Angst vor Ansteckung.

Die Freundin ist auch da. Sie heißt Marianne; sie ist klein und pummelig; sie hat Cordhosen und Stiefel an und strahlt Gesundheit aus. Eine Weile sprechen sie alle Englisch, dann gibt er nach und wechselt in die Sprache der Familie, ins Afrikaans. Obwohl es Jahre her ist, dass er Afrikaans gesprochen hat, spürt er, wie er sich sofort entspannt, als gleite er in ein warmes Bad.

Er hatte erwartet, dass er damit angeben kann, wie gut er London kennt. Aber das London, das Ilse und Marianne sehen möchten, ist ein London, das er nicht kennt. Er kann ihnen nichts über Madame Tussauds Wachsfigurenkabinett sagen, nichts über den Tower und die St.-Pauls-Kathedrale, denn er hat keine dieser Sehenswürdigkeiten besucht. Er hat keine Ahnung, wie man nach Stratford-on-Avon kommt. Was er ihnen sagen kann – welche Kinos ausländische Filme bringen, welche Buchläden worauf spezialisiert sind –, daran haben sie kein Interesse.

Ilse bekommt Antibiotika; es wird noch Tage dauern, bis sie sich einigermaßen erholt hat. Inzwischen weiß Marianne nicht, was sie mit sich anfangen soll. Er schlägt einen Spaziergang am Ufer der Themse vor. Mit ihren Wanderstiefeln und der langweiligen Frisur ist Marianne aus Ficksburg unter den modebewussten Londoner Mädchen ein Fremdkörper, aber das scheint ihr nichts auszumachen. Es scheint ihr ebenfalls nichts auszumachen, wenn die Leute sie Afrikaans sprechen hören. Er jedenfalls würde es begrüßen, wenn sie leiser spräche. Hier in diesem Land Afrikaans zu sprechen, möchte er ihr sagen, ist so, als spräche man Nazi, wenn es eine solche Sprache gäbe.

Er hat sich bezüglich ihres Alters geirrt. Es sind beileibe keine Kinder mehr: Ilse ist zwanzig, Marianne einundzwanzig. Sie sind im letzten Studienjahr an der Universität des Oranje-Freistaates, beide studieren Sozialarbeit. Er äußert seine Meinung nicht, aber er findet, dass Sozialarbeit – alten Frauen beim Einkaufen helfen – kein Fach ist, das eine ordentliche Universität anbieten würde.

Marianne hat noch nie vom Programmieren gehört und zeigt auch kein Interesse daran. Aber sie fragt danach, wann er, wie sie es ausdrückt, nach Hause kommt, *tuis*.

Er weiß es nicht, antwortet er. Vielleicht nie. Ob sie nicht beunruhigt sei über den Kurs, den Südafrika einschlägt?

Sie wirft den Kopf zurück. Südafrika sei nicht so schlecht, wie es die englischen Zeitungen darstellen, sagt sie. Schwarze und Weiße würden gut miteinander auskommen, wenn man sie nur in Ruhe ließe. Außerdem interessiert sie sich nicht für Politik.

Er lädt sie zu einem Film im Everyman-Kino ein. Es ist Godards *Bande à part*, den er schon gesehen hat, aber noch viele Male sehen könnte, weil Anna Karina eine der Hauptdarstellerinnen ist, in die er zurzeit genauso verliebt ist, wie er es vor einem Jahr in Monica Vitti war. Da es kein intellektuell anspruchsvoller Film ist, jedenfalls nicht vordergründig, sondern nur eine Geschichte über eine Bande unfähiger, laienhafter Verbrecher, sieht er keinen Grund, warum er Marianne nicht gefallen sollte.

Es ist nicht Mariannes Art herumzunörgeln, aber er spürt, wie sie den ganzen Film über neben ihm auf dem Sitz hin und her rutscht. Wenn er verstohlen zu ihr hinsieht, zupft sie an den Fingernägeln herum und schaut nicht auf die Leinwand. Hat's dir nicht gefallen?, fragt er hinterher. Ich habe nicht mitbekommen, worum es ging, antwortet sie. Es stellt sich heraus, dass sie noch nie einen Film mit Untertiteln gesehen hat.

Er nimmt sie mit in seine Wohnung oder die Wohnung, die im Moment die seine ist, auf eine Tasse Kaffee. Es ist fast elf Uhr; Theodora ist zu Bett gegangen. Sie sitzen mit untergeschlagenen Beinen auf dem dicken Florteppich im Wohnzimmer, bei geschlossener Tür, und sprechen gedämpft. Sie ist nicht seine Cousine, aber sie ist die Freundin seiner Cousine, sie ist von daheim, und eine Aura des Verbotenen umgibt sie aufreizend. Er küsst sie; sie scheint nichts dagegen zu haben, geküsst zu werden. Gesicht an Gesicht strecken sie sich auf dem Teppich aus; er fängt an, sie aufzuknöpfen, aufzubinden, Reißverschlüsse zu öffnen. Die letzte Bahn Richtung Süden fährt um 23.30. Die wird sie ganz bestimmt verpassen.

Marianne ist Jungfrau. Er stellt das fest, als er sie schließlich nackt im großen Doppelbett hat. Er hat noch nie mit einer Jungfrau geschlafen, hat sich über die Jungfräulichkeit als körperlichen Zustand nie Gedanken gemacht. Jetzt bekommt er seine Lektion. Marianne blutet während des Liebesaktes und blutet danach weiter. Trotz der Gefahr, die Hausangestellte zu wecken, muss sie ins Bad schleichen, um sich zu waschen. In ihrer Abwesenheit macht er das Licht an. Auf dem Laken ist Blut, Blut klebt ihm am ganzen Körper. Sie haben sich – das aufsteigende Bild erzeugt Widerwillen – wie die Schweine im Blut gesuhlt.

Sie taucht mit einem Handtuch um sich gewickelt wieder auf. »Ich muss los«, sagt sie. »Die letzte Bahn ist fort«, erwidert er. »Warum bleibst du nicht über Nacht?«

Die Blutung hört nicht auf. Marianne schläft ein, mit dem Handtuch, das immer feuchter wird, zwischen den Beinen. Er liegt neben ihr wach und ist beunruhigt. Sollte er einen Krankenwagen rufen? Kann er das, ohne Theodora zu wecken? Marianne scheint sich keine Sorgen zu machen, aber wenn das nur gespielt ist, für ihn?

Wenn sie nun zu unschuldig oder zu vertrauensselig ist, um beurteilen zu können, was los ist?

Er ist überzeugt, dass er nicht schlafen wird, doch er schläft ein. Stimmen und das Geräusch laufenden Wassers wecken ihn. Es ist fünf Uhr; die Vögel singen schon in den Bäumen. Benommen steht er auf und lauscht an der Tür: Theodoras Stimme, dann Mariannes. Was sie sagen, kann er nicht verstehen, aber es kann nichts Gutes über ihn sein.

Er zieht die Bettwäsche ab. Das Blut ist bis zur Matratze durchgedrungen und hat dort einen großen, unregelmäßigen Fleck hinterlassen. Schuldbewusst, ärgerlich dreht er die Matratze um. Es kann nicht lange dauern, bis der Fleck entdeckt wird. Da muss er schon weg sein, das muss er absichern.

Marianne kommt in einem Bademantel, der nicht ihr gehört, aus dem Bad zurück. Sie ist verwundert über sein Schweigen, seine ärgerlichen Blicke. »Du hast kein Wort davon gesagt, dass ich nicht mit ihr reden soll«, sagt sie. »Warum denn nicht? Sie ist eine nette alte Frau. Eine nette alte *aia*.«

Er ruft per Telefon ein Taxi, dann wartet er ostentativ neben der Wohnungstür, während sie sich anzieht. Als das Taxi kommt, weicht er ihrer Umarmung aus, drückt ihr eine Pfundnote in die Hand. Sie blickt verwundert darauf. »Ich habe mein eigenes Geld«, sagt sie. Er zuckt mit den Schultern und öffnet ihr die Tür des Taxis.

Während der restlichen Zeit seines Aufenthalts in der Wohnung weicht er Theodora aus. Er geht früh am Morgen aus dem Haus und kommt spät zurück. Wenn er an sich gerichtete Nachrichten vorfindet, ignoriert er sie. Als er die Wohnung übernahm, hat er sich verpflichtet, sie vor dem Ehemann zu bewachen und *sich zur Verfügung zu halten*. Er hat dabei einmal versagt und versagt nun wieder, aber das ist ihm egal. Der beunruhigende Liebesakt, die tuschelnden Frauen, die blutige Bettwäsche, die befleckte Matratze: er würde die ganze beschämende Angelegenheit gern hinter sich lassen, den Fall abschließen.

Mit verstellter Stimme ruft er bei der Jugendherberge in Earls Court an und verlangt seine Cousine zu sprechen. Sie ist abgereist, sagt man ihm, sie und ihre Freundin. Er legt auf und entspannt sich. Sie sind also weg, er braucht ihnen nicht mehr unter die Augen zu treten.

Es bleibt die Frage, was aus der Episode zu machen ist, wie sie in die Geschichte seines Lebens, die er sich selbst erzählt, einzuordnen ist. Er hat sich unanständig benommen, daran gibt es keinen Zweifel, er hat sich wie ein Schurke benommen. Das Wort ist vielleicht altmodisch, aber es trifft zu. Er würde es verdienen, wenn man ihn ohrfeigen, ihn sogar bespucken würde. Da keiner da ist, der ihn ohrfeigt, wird er sich selbst quälen, das steht fest. *Agenbyte of inwit*. Das soll also sein Vertrag mit den Göttern sein: er wird sich selbst bestrafen und hofft, dass sich dafür die Geschichte seines schurkischen Verhaltens nicht herumspricht.

Aber was macht es schließlich, wenn sich die Sache doch herumspricht? Er gehört zwei Welten an, die voneinander abgeschottet sind. In der Welt Südafrikas ist er nicht mehr als ein Geist, eine Rauchfahne, die schnell vergeht, um bald ganz verschwunden zu sein. Und in London ist er so gut wie unbekannt. Er hat schon mit der Suche nach einer neuen Unterkunft begonnen. Wenn er ein Zimmer gefunden hat, wird er den Kontakt zu Theodora und dem Merrington'schen Haushalt abbrechen und in einem Meer der Anonymität verschwinden.

Es geht bei der traurigen Angelegenheit jedoch um mehr als bloß um die damit verbundene Schande. Er ist nach London gekommen, um etwas zu tun, was in Südafrika unmöglich ist: die Tiefen erkunden. Ohne in die Tiefen hinabzusteigen, kann man nicht Künstler sein. Aber was genau sind die Tiefen? Er hatte geglaubt, eisige Straßen entlangzutrotten, mit einem vor Einsamkeit tauben Herzen, wäre die Tiefe. Aber vielleicht sind die wahren Tiefen anders und kommen in unerwarteter Gestalt: zum Beispiel als plötzlich hervorbrechende Gemeinheit einem Mädchen gegenüber in den frühen Morgenstunden. Vielleicht sind die Tiefen, die er ausloten wollte, die ganze Zeit in ihm gewesen, in seiner Brust verschlossen: Tiefen der Kälte, Herzlosigkeit, Schurkerei. Wenn er wie jetzt seinen Schwächen, seinen Lastern nachgibt und sich dann hinterher Vorwürfe macht, hilft ihm das, sich als Künstler zu qualifizieren? Im Moment kann er nicht erkennen, wie.

Wenigstens ist die Episode vorbei, abgeschlossen, gehört der Vergangenheit an, ist im Gedächtnis abgespeichert. Aber das stimmt nicht, nicht ganz. Es kommt ein Brief mit dem Poststempel von Luzern. Ohne zu überlegen, macht er ihn auf und fängt an zu lesen. Er ist in Afrikaans. »Bester John, ich dachte, ich sollte dir mitteilen, dass es mir gut geht. Marianne geht es auch gut. Zuerst hat sie nicht verstanden, warum du nicht angerufen hast, aber nach einer Weile bekam sie wieder bessere Laune, und wir hatten eine schöne Zeit. Sie wollte nicht schreiben, aber ich habe gedacht, dass ich doch schreibe, um dir zu sagen, hoffentlich behandelst du nicht alle deine

Mädchen so, selbst in London. Marianne ist ein besonderer Mensch, sie verdient eine solche Behandlung nicht. Du solltest über das Leben, das du führst, einmal gründlich nachdenken. Deine Cousine, Ilse.«

Selbst in London. Was meint sie damit? Dass er sich selbst nach Londoner Maßstäben schlecht benommen hat? Was wissen Ilse und ihre Freundin, frisch aus den Einöden des Oranje-Freistaates, von London und seinen Maßstäben? *London wird immer schlimmer*, möchte er sagen. *Wenn ihr eine Weile bleiben würdet, statt zu den Kuhglocken und Almwiesen davonzulaufen, könntet ihr das selbst feststellen*. Aber er glaubt nicht wirklich, dass es an London liegt. Er hat Henry James gelesen. Er weiß, wie leicht es ist, schlecht zu sein, wie man sich nur entspannen muss, damit die Schlechtigkeit hervorkommt.

Die verletzendsten Stellen im Brief sind am Anfang und am Ende. *Bester John* – so redet man kein Familienmitglied an, sondern einen Fremden. Und *Deine Cousine, Ilse*: wer hätte einem Bauernmädchen einen solchen wirkungsvollen Seitenhieb zugetraut!

Noch Tage und Wochen, nachdem er ihn längst zerknüllt und weggeworfen hat, beunruhigt ihn der Brief seiner Cousine – nicht die wirklichen Worte auf der Seite, die er bald auslöschen kann, aber die Erinnerung an den Moment, als er den Umschlag aufgerissen hatte und las, obwohl er die Schweizer Briefmarke und die kindlich gerundete Handschrift bemerkt hatte. Wie töricht von ihm! Was hat er denn erwartet: überschwängliche Dankesbezeigungen?

Schlechte Nachrichten mag er nicht. Besonders schlechte Nachrichten über sich selbst mag er nicht. *Ich bin streng genug mit mir selbst*, sagt er sich; *ich brauche keine*

Nachhilfe von anderen. Auf diese Sophisterei greift er immer wieder zurück, um seine Ohren vor Kritik zu verschließen: er lernte sie zu schätzen, als Jacqueline ihm aus der Perspektive einer Dreißigjährigen sagte, was sie von ihm als Liebhaber hielt. Jetzt zieht er sich zurück, sobald ein Verhältnis zu versanden droht. Er verabscheut Szenen, zornige Ausbrüche, bittere Wahrheiten (»Möchtest du die Wahrheit über dich wissen?«) und tut alles Menschenmögliche, um sie zu meiden. Was ist überhaupt Wahrheit? Wenn er sich selbst ein Rätsel ist, wie kann er dann für seine Mitmenschen etwas anderes als ein Rätsel sein? Er ist bereit, den Frauen in seinem Leben einen Pakt anzubieten: wenn sie ihn als Rätsel behandeln, wird er sie als Buch mit sieben Siegeln behandeln. Auf dieser Grundlage und nur auf dieser ist eine Beziehung möglich.

Er ist nicht dumm. Als Liebhaber hat er sich nicht gerade ausgezeichnet, das weiß er. Noch nie hat er im Herzen einer Frau etwas hervorgerufen, was er eine große Leidenschaft nennen würde. Rückblickend kann er sich in der Tat nicht erinnern, je das Objekt einer Leidenschaft, einer wahren Leidenschaft irgendeines Grades gewesen zu sein. Das muss etwas über ihn aussagen. Und was den Sex im engeren Sinne angeht, so ist das, was er liefert, ziemlich fad, vermutet er; und was er dafür bekommt, ist ebenfalls fad. Wenn dafür jemand verantwortlich zu machen ist, dann er selbst. Denn solange es ihm an Herz mangelt, solange er sich zurückhält, warum sollte die Frau sich da nicht ebenfalls zurückhalten?

Ist Sex der Maßstab aller Dinge? Wenn er beim Sex versagt, versagt er dann im Leben überhaupt? Es wäre leichter, wenn es nicht so wäre. Aber wenn er sich umschaut, sieht er keinen, der nicht Ehrfurcht vor dem Gott des Sexes hätte, außer vielleicht ein paar Dinosauriern, Überbleibseln aus viktorianischen Zeiten. Sogar Henry James, an der Oberfläche so bieder, so viktorianisch, hat Stellen, wo er dunkel andeutet, dass letztendlich alles vom Sex bestimmt wird.

Von allen Schriftstellern, die er schätzt, vertraut er Pound am meisten. Bei Pound gibt es genug Leidenschaft – der Schmerz der Sehnsucht, das Feuer der Erfüllung –, aber es ist ungetrübte Leidenschaft, ohne dunklere Seite. Was ist der Schlüssel zu Pounds Gelassenheit? Dass er, der die griechischen Götter mehr als den Gott der Hebräer verehrt, immun für Schuld ist? Oder ist Pound so durchdrungen von großer Dichtkunst, dass seine physische Existenz in Harmonie mit seinen Gefühlen ist, ein Wesenszug, der sich den Frauen unmittelbar mitteilt und ihnen das Herz für ihn öffnet? Oder ist Pounds Geheimnis im Gegenteil einfach eine gewisse Forschheit bei der Lebensführung, eine Forschheit, die eher auf seine amerikanische Erziehung als auf die Götter oder die Dichtkunst zurückzuführen ist und die von den Frauen als Zeichen begrüßt wird, dass der Mann weiß, was er will, und auf entschiedene, aber freundliche Art bestimmen wird, welchen Weg sie und er einschlagen? Ist es das, was Frauen wollen: dass über sie bestimmt wird, dass sie geführt werden? Befolgen Tänzer deshalb diese Verhaltensregel, dass der Mann führt, die Frau sich anpasst?

Seine eigene Erklärung für sein Versagen in der Liebe, inzwischen abgedroschen und immer weniger glaubhaft, lautet, dass er der richtigen Frau erst noch begegnen muss. Die richtige Frau wird durch das trübe Äußere, das er der Welt präsentiert, bis in seine inneren Tiefen schauen; die richtige Frau wird die in ihm verborgene Leidenschaftlichkeit freisetzen. Bis diese Frau erscheint, bis zu diesem Schicksalstag, vertreibt er sich nur die Zeit. Deshalb kann man Marianne links liegen lassen.

Eine Frage nagt noch an ihm und will nicht schweigen. Wird die Frau, die das Potenzial an Leidenschaft in ihm freisetzt, wenn es sie gibt, auch den blockierten Fluss der Poesie befreien; oder ist es im Gegenteil so, dass er einen Dichter aus sich machen und sich so ihrer Liebe würdig erweisen muss? Es wäre schön, wenn das Erstere zutreffen würde, aber er befürchtet, dass es nicht so ist. Wie er sich aus der Entfernung auf eine gewisse Weise in Ingeborg Bachmann und auf eine andere Weise in Anna Karina verliebt hat, so wird vermutlich die Vorherbestimmte ihn an seinen Werken erkennen, sich zuerst in seine Kunst verlieben, ehe sie so töricht sein wird, sich in ihn zu verlieben.

Siebzehn

Von Professor Howarth, seinem Doktorvater in Kapstadt, bekommt er einen Brief mit der Bitte, für ihn eine wissenschaftliche Recherche zu übernehmen. Howarth arbeitet an einer Biographie des Dramatikers John Webster aus dem siebzehnten Jahrhundert – er möchte, dass er bestimmte Gedichte in der Handschriftensammlung des British Museum kopiert, die Webster als junger Mann verfasst haben könnte, und, wenn er einmal dabei ist, auch jedes handschriftliche Gedicht mit der Signatur »J. W.«, auf das er stößt und das klingt, als könnte es von Webster stammen.

Obwohl die Gedichte, die er zufällig liest, keinen besonderen Wert haben, schmeichelt ihm der Auftrag, weil er nahe legt, er sei in der Lage, den Autor der *Herzogin von Malfi* allein am Stil zu erkennen. Von Eliot hat er gelernt, dass ein guter Kritiker sich durch ein ausgeprägtes Unterscheidungsvermögen auszeichnet. Von Pound hat er gelernt, dass der Kritiker in der Lage sein muss, die Stimme des wahren Meisters aus all dem modisch-seichten Geschwätz herauszufinden. Auch wenn er nicht Klavier spielen kann, so kann er doch, wenn er das Radio einschaltet, Bach und Telemann, Haydn und Mozart, Beethoven und Spohr, Bruckner und Mahler auseinander halten; auch wenn er nicht schreiben kann, so besitzt er doch ein Ohr, das die Anerkennung von Eliot und Pound finden würde.

Die Frage ist nun, ob Ford Madox Ford, dem er so viel Zeit widmet, ein wahrer Meister ist. Pound hat Ford in England zum alleinigen Erben von Henry James und Flaubert erhoben. Aber wäre Pound davon so überzeugt gewesen, wenn er das gesamte Œuvre Fords gelesen hätte? Wenn Ford ein so guter Autor war, warum gibt es dann neben seinen fünf guten Romanen so viel Schrott?

Obwohl er eigentlich über Fords belletristische Werke schreiben soll, findet er seine kleineren Romane weniger interessant als seine Bücher über Frankreich. Für Ford gibt es kein größeres Glück, als seine Tage an der Seite einer guten Frau in einem sonnendurchfluteten Haus im Süden Frankreichs zu verbringen, mit einem Olivenbaum hinterm Haus und einem guten *vin de pays* im Keller. Die Provence, sagt Ford, ist die Wiege all dessen, was liebenswürdig und gefühlvoll und human an der europäischen Zivilisation ist; und die provenzalischen Frauen mit ihrem feurigen Temperament und ihrer dinarischen Schönheit stellen die Frauen des Nordens in den Schatten.

Kann man Ford glauben? Wird er selbst einmal die Provence besuchen? Werden die feurigen provenzalischen Frauen ihn mit seinem bemerkenswerten Mangel an Feuer überhaupt beachten?

Ford sagt, dass die Zivilisation der Provence ihre Leichtigkeit und Anmut der Ernährung mit Fisch und Olivenöl und Knoblauch verdanke. In seiner neuen Unterkunft in Highgate kauft er aus Respekt vor Ford Fischstäbchen statt Würstchen, brät sie in Olivenöl und bestreut sie mit Knoblauchsalz.

Die Dissertation, die er schreibt, wird nichts Neues über Ford zu sagen haben, das ist inzwischen klar. Aber er will sie auch nicht aufgeben. Nicht zu Ende zu führen, was man angefangen hat, ist die Art seines Vaters. Er wird nicht werden wie sein Vater. Also macht er sich an die Aufgabe, die Hunderte von Seiten Notizen, die er in winziger Handschrift gemacht hat, zu einem zusammenhängenden Text zu verarbeiten.

An Tagen, wo er im großen, gewölbten Lesesaal sitzt und feststellt, dass er zu erschöpft oder gelangweilt ist, um weiter zu schreiben, gestattet er sich den Luxus, einen Blick in Bücher über das alte Südafrika zu werfen, Bücher, die man nur in großen Bibliotheken findet, Memoiren von Kap-Besuchern wie Dapper und Kolbe, Sparrman, Barrow und Burchell, vor zwei Jahrhunderten in Holland, Deutschland oder England veröffentlicht.

Es verschafft ihm ein unwirkliches Gefühl, hier in London zu sitzen und von Straßen zu lesen – Waalstraat, Buitengracht, Buitencingel –, die nur er von all den Menschen um ihn herum, die den Kopf in ihren Büchern vergraben haben, entlanggegangen ist. Aber noch mehr als die Berichte über das alte Kapstadt nehmen ihn Geschichten von abenteuerlichen Reisen in das Landesinnere gefangen, Erkundungsfahrten per Ochsenwagen in die Wüste der Großen Karoo, wo ein Reisender endlose Tage unterwegs sein konnte, ohne eine Menschenseele zu Gesicht zu bekommen. Zwartberg, Leeuwrivier, Dwyka: es ist sein Land, das Land seines Herzens, über das er liest.

Patriotismus: wird er jetzt davon heimgesucht? Stellt

es sich heraus, dass er ohne ein Land nicht leben kann? Sehnt er sich nun, wo er den Staub des hässlichen neuen Südafrika von seinen Füßen geschüttelt hat, nach dem alten Südafrika, als Eden noch möglich war? Greift es den Engländern um ihn herum genauso ans Herz, wenn in einem Buch Rydal Mount oder die Baker Street erwähnt wird? Er bezweifelt es. Dieses Land, diese Stadt sind inzwischen eingehüllt in Jahrhunderte voller Worte. Engländer finden es nicht merkwürdig, auf den Spuren von Chaucer oder Tom Jones zu wandeln.

Südafrika ist anders. Gäbe es nicht diese Hand voll Bücher, könnte er nicht sicher sein, dass er sich die Karoo nicht gestern ausgedacht hätte. Deshalb nimmt er sich besonders immer wieder Burchell vor, die zwei schweren Bände. Sicher ist Burchell kein Meister wie Flaubert oder James, aber was Burchell schreibt, ist wirklich geschehen. Echte Ochsen zogen ihn und seine Kisten mit botanischen Proben in der Großen Karoo von Rastplatz zu Rastplatz; echte Sterne schimmerten über ihnen, als er und seine Männer schliefen. Es macht ihn schwindlig, nur daran zu denken. Burchell und seine Männer mögen tot sein und ihre Wagen zu Staub zerfallen, aber sie haben wirklich gelebt, ihre Reisen waren wirkliche Reisen. Der Beweis ist das Buch, das er in Händen hält, das Buch, das kurz *Burchells Reisen* heißt, und ganz besonders das Exemplar im British Museum.

Wenn *Burchells Reisen* bestätigt, dass Burchells Reisen wirklich stattgefunden haben, warum sollten dann nicht andere Bücher andere Reisen wirklich machen, Reisen, die bis jetzt nur hypothetisch sind? Diese Logik stimmt natürlich nicht. Trotzdem würde er es gern tun: ein Buch schreiben, das so überzeugend ist wie das von Burchell, und es hier in dieser Bücherei, Muster für alle Büchereien, unterbringen. Wenn es, damit das Buch überzeugt, einen Topf mit Wagenschmiere geben muss, der unter dem Wagenboden hin und her schwingt, während der Wagen über die Steine der Karoo holpert, dann wird er den Topf mit Wagenschmiere erschaffen. Wenn Zikaden im Baum, unter dem sie die Mittagsrast halten, laut zirpen müssen, dann wird er die Zikaden erschaffen. Das Quietschen des Topfes mit Schmierfett, das Zirpen der Zikaden – er traut sich zu, dass er beides zustande bringt. Das Schwierige daran wird sein, dem Ganzen eine Aura zu verleihen, die es in die Bücherregale und damit in die Weltgeschichte bringt: die Aura der Wahrheit.

Er erwägt keine Fälschung. Diesen Weg haben andere schon ausprobiert: haben vorgetäuscht, sie hätten in einer Truhe auf dem Dachboden eines Landhauses ein Tagebuch gefunden, vergilbt vor Alter, mit Wasserflecken, in dem eine Expedition durch die Wüsten der Tartarei oder in die Länder des Großmoguls beschrieben wird. Täuschungen dieser Art interessieren ihn nicht. Die Herausforderung, die er spürt, ist rein literarischer Natur: ein Buch zu schreiben, dessen Wissenshorizont dem von Burchells Zeit, den zwanziger Jahren des neunzehnten Jahrhunderts, entspricht, aber das in einer Weise für die Welt dort aufgeschlossen ist, wie es Burchell, trotz seiner Tatkraft und Intelligenz, seiner Wissbegierde und Besonnenheit, nicht sein konnte, weil er ein Engländer in einem fremden Land war und seine Gedanken halb von Pembrokeshire und den dort zurückgelassenen Schwestern in Anspruch genommen wurden.

Er wird sich beibringen müssen, aus der Sicht der zwanziger Jahre des neunzehnten Jahrhunderts zu schreiben. Bevor er das leisten kann, wird er weniger wissen müssen, als er jetzt weiß; er wird manches vergessen müssen. Aber bevor er vergessen kann, muss er wissen, was er vergessen muss; bevor er weniger wissen kann, muss er mehr wissen. Wo wird er das nötige Wissen finden? Er hat keine Ausbildung als Historiker, außerdem wird das, wonach er sucht, nicht in Geschichtsbüchern zu finden sein, da es zu den banalen Dingen gehört – so banal, so alltäglich wie die Luft, die man atmet. Wo wird er das Alltagswissen einer vergangenen Welt finden, ein Wissen, zu bescheiden, um zu wissen, dass es Wissen ist?

Achtzehn

Dann geht alles sehr schnell. In der Post auf dem Tisch im Flur taucht ein gelbbrauner Umschlag mit dem Aufdruck OHMS auf, der an ihn adressiert ist. Er nimmt ihn mit auf sein Zimmer und öffnet ihn mit einem flauen Gefühl. Ihm bleiben einundzwanzig Tage, teilt ihm der Brief mit, in denen er seine Arbeitserlaubnis erneuern muss, andernfalls wird ihm die Aufenthaltsgenehmigung für das Vereinigte Königreich entzogen. Er kann die Erlaubnis erneuern, indem er persönlich mit seinem Pass und einem Exemplar des Formulars I-48, ausgefüllt von seinem Arbeitgeber, an einem Wochentag zwischen 9.00 und 12.30 bzw. 13.30 und 16.00 im Gebäude des Innenministeriums in der Holloway Road erscheint.

IBM hat ihn also verraten. IBM hat dem Innenministerium mitgeteilt, dass er nicht mehr bei ihnen beschäftigt ist.

Was soll er tun? Er hat genug Geld für ein Schiffsticket nach Südafrika. Aber es ist unvorstellbar, dass er wie ein Hund mit eingekniffenem Schwanz wieder in Kapstadt erscheint, geschlagen. Was gibt es denn für ihn in Kapstadt zu tun? Soll er seine Tutor-Tätigkeit an der Universität wieder aufnehmen? Wie lange ginge das überhaupt noch? Für Stipendien ist er inzwischen zu alt, er würde dabei gegen jüngere Studenten mit besseren Zeugnissen antreten müssen. Es ist doch so: wenn er jetzt nach Südafrika zurückgeht, wird er nicht noch einmal ausbrechen. Er wird dann wie die Leute, die sich abends am Strand von Clifton versammeln, um Wein zu trinken und sich von der guten alten Zeit auf Ibiza zu erzählen.

Wenn er in England bleiben will, sieht er zwei Wege für sich. Er kann die Zähne zusammenbeißen und es wieder als Lehrer versuchen; oder er kann zum Programmieren zurückkehren.

Theoretisch gibt es eine dritte Möglichkeit. Er kann seine jetzige Wohnung aufgeben und in der Masse untertauchen. Er kann in Kent Hopfen pflücken (dafür braucht man keine Papiere), auf Baustellen arbeiten. Er kann in Jugendherbergen schlafen, in Scheunen. Aber er weiß, dass er nichts dergleichen tun wird. Er eignet sich nicht für ein Leben außerhalb des Gesetzes, ist nicht robust genug und hat zu viel Angst, dass man ihn erwischt.

Im Anzeigenteil der Zeitungen ist die Nachfrage nach Programmierern stets groß. England kann scheinbar nicht genug davon bekommen. Die meisten Stellenangebote gibt es bei der Lohnbuchhaltung. Diese ignoriert er und interessiert sich nur für die Computergesellschaften selbst, die kleinen oder großen Rivalen von IBM. Innerhalb weniger Tage hat er ein Vorstellungsgespräch bei International Computers gehabt und ohne Zögern ihr Angebot angenommen. Er triumphiert. Er hat wieder ein Arbeitsverhältnis, er ist gerettet, man wird ihn nicht des Landes verweisen.

Es gibt einen Haken. Obwohl International Computers ihre Zentrale in London haben, ist die Arbeit, für die sie ihn brauchen, auf dem Land, in Berkshire. Um dort hinzukommen, fährt man zur Waterloo Station, dann folgt eine einstündige Zugfahrt, danach noch eine Fahrt mit dem Bus. Es wird nicht möglich sein, in London zu wohnen. Es ist wieder wie bei der Rothamsted-Geschichte.

International Computers sind bereit, neuen Angestellten die Anzahlungssumme für ein angemessen bescheidenes Haus zu leihen. Mit anderen Worten: mit einem Federstrich kann er Hausbesitzer werden (er! Hausbesitzer!) und sich damit gleichzeitig zu Rückzahlungen verpflichten, die ihn für die nächsten zehn oder fünfzehn Jahre an seine Arbeitsstelle binden. In fünfzehn Jahren ist er ein alter Mann. Eine einzige übereilte Entscheidung, und er hat sein Leben verpfändet, hat jede Chance, Künstler zu werden, vertan. Mit einem eigenen Häuschen in einer Reihe roter Ziegelhäuser wird er von der britischen Mittelklasse aufgesogen werden und in der Versenkung verschwinden. Um das Bild komplett zu machen, fehlt dann nur noch eine kleine Frau und ein kleines Auto.

Er erfindet eine Ausrede, um das Darlehen für das Haus nicht zu unterschreiben. Stattdessen unterschreibt er einen Mietvertrag für die oberste Etage eines Hauses am Stadtrand. Der Hausherr ist ein ehemaliger Armeeoffizier, der jetzt Börsenmakler ist und sich mit Major Arkwright anreden lässt. Er erklärt Major Arkwright, was Computer sind, was Programmieren bedeutet, welche solide Karriere das ermöglicht (»Diese Branche wird ungeheuer expandieren«). Major Arkwright nennt ihn scherzhaft einen Eierkopf (»Wir haben noch nie einen

Eierkopf in der Wohnung oben gehabt«), eine Bezeichnung, die er ohne Murren hinnimmt.

Die Arbeitsbedingungen bei International Computers sind ganz anders als die bei IBM. Als Erstes kann er seinen schwarzen Anzug wegpacken. Er hat ein eigenes Büro, eine Kabine in einer großen Nissenhütte im Garten hinter dem Haus, das International Computers als ihr Computerlaboratorium ausgestattet haben. »Das Herrenhaus« – so wird es genannt, ein weitläufiges altes Gebäude am Ende einer mit Blättern übersäten Auffahrt, zwei Meilen außerhalb von Bracknell. Wahrscheinlich hat es eine Geschichte, obwohl keiner diese Geschichte kennt.

Trotz der Bezeichnung »Computerlabor« gibt es keinen wirklichen Computer in den Betriebsräumen. Um die Programme zu testen, die zu schreiben seine Aufgabe ist, wird er nach Cambridge zur Universität fahren müssen, die einen der drei Atlas-Computer besitzt, die einzigen drei, die es gibt; jeder unterscheidet sich ein wenig von den anderen. Der Atlas-Computer – das liest er in der Einweisung, die an seinem ersten Morgen vor ihn hingelegt wird – ist Großbritanniens Antwort auf IBM. Wenn die Ingenieure und Programmierer von International Computers erst einmal diese Prototypen zum Laufen gebracht haben, wird Atlas der größte Computer weltweit sein, oder wenigstens der größte, der auf dem freien Markt verkauft wird (das amerikanische Militär hat eigene Computer von nicht bekanntem Leistungsvermögen, und das russische Militär wahrscheinlich auch). Atlas wird für die britische Computerindustrie einen Coup landen, von dem sich IBM erst nach Jahren erholen wird. Das steht auf dem Spiel. Deshalb haben International

Computers ein Team intelligenter junger Programmierer, zu dem er jetzt gehört, in diesem ländlichen Refugium zusammengestellt.

Das Besondere an Atlas, was ihn unter den Computern der Welt einzigartig macht, ist, dass er eine gewisse Selbstkontrolle durchführt. In regelmäßigen Zeitabständen – alle zehn Sekunden oder sogar jede Sekunde – unterzieht er sich einem Verhör und fragt sich, welche Aufgaben er ausführt und ob er sie mit optimaler Effizienz ausführt. Wenn er nicht effizient arbeitet, wird er seine Aufgaben neu ordnen und sie in anderer, besserer Reihenfolge durchführen und so Zeit sparen, was Geld bedeutet.

Es wird seine Aufgabe sein, die Magnetbandroutine zu schreiben, die die Maschine am Ende jedes Datensatzes abarbeiten muss. Sollte sie einen weiteren Satz lesen?, muss sie sich selbst fragen. Oder sollte sie stattdessen abbrechen und eine Lochkarte lesen oder einen Lochstreifen? Sollte sie etwas von den Ausgabedaten, die sich angesammelt haben, auf ein anderes Magnetband schreiben, oder sollte sie weitere Berechnungen ausführen? Diese Fragen müssen unter dem vorrangigen Prinzip der Effizienz beantwortet werden. Er hat so viel Zeit, wie er braucht (aber möglichst nur sechs Monate, da International Computers sich in einem Wettlauf gegen die Zeit befinden), um die Fragen und Antworten auf einen maschinenlesbaren Code zu reduzieren und zu testen, ob sie optimal formuliert sind. Jeder seiner Kollegen hat eine vergleichbare Aufgabe und einen ähnlichen Zeitplan. Inzwischen arbeiten die Ingenieure an der Universität von Manchester Tag und Nacht, um die elektronische Hardware zu vervollkommnen. Wenn alles nach Plan geht, wird Atlas 1965 in Produktion gehen.

Ein Wettlauf gegen die Zeit. Ein Wettlauf mit den Amerikanern. Das kann er verstehen, dafür kann er sich rückhaltloser einsetzen als für das Ziel von IBM, immer mehr Geld zu verdienen. Und das Programmieren selbst ist interessant. Es erfordert Einfallsreichtum; es erfordert, wenn es gut gemacht werden soll, eine virtuose Beherrschung der beiden Ebenen der internen Atlas-Computersprache. Er kommt morgens zur Arbeit und freut sich auf die Aufgaben, die ihn erwarten. Um munter zu bleiben, trinkt er eine Tasse Kaffee nach der anderen; sein Herz hämmert, in seinem Gehirn brodelt es; er vergisst die Zeit, muss zum Mittagessen gerufen werden. Abends nimmt er seine Unterlagen mit in seine Wohnung bei Major Arkwright und arbeitet bis in die Nacht hinein.

Darauf habe ich mich also, ohne es zu wissen, vorbereitet, denkt er. Dahin führt einen also die Mathematik!

Der Herbst wird zum Winter; er merkt es kaum. Er liest keine Gedichte mehr. Stattdessen liest er Bücher über Schach, verfolgt Spiele des Großmeisters, löst die Schachprobleme im *Observer*. Er schläft schlecht; manchmal träumt er vom Programmieren. Das ist eine innere Entwicklung, die er mit kühlem Interesse beobachtet. Wird er wie jene Wissenschaftler, deren Gehirn im Schlaf Probleme löst?

Er macht noch eine andere Feststellung. Seine Sehnsucht ist weg. Die Suche nach der geheimnisvollen, schönen Fremden, die in ihm die Leidenschaft freisetzt, beschäftigt ihn nicht mehr. Zum Teil ist das bestimmt deshalb so, weil Bracknell nichts zu bieten hat, was der Mädchenparade in London gleichkäme. Aber er kann nicht umhin, eine Verbindung zwischen dem Ende der Sehnsucht und dem Ende der Poesie zu sehen. Bedeutet das, er wird erwachsen? Läuft das Erwachsenwerden darauf hinaus: dass man der Sehnsucht entwächst, der Leidenschaft, allen starken Seelenregungen?

Die Leute, mit denen er arbeitet – ausnahmslos Männer – sind interessanter als die Leute bei IBM: lebendiger, und vielleicht auch klüger, auf eine Weise, die er versteht, eine Weise, die sehr dem Klugsein in der Schule ähnelt. Sie essen in der Kantine des Herrenhauses zusammen zu Mittag. Sie bekommen nichts Außergewöhnliches serviert: Fisch und Chips, Würstchen und Kartoffelbrei, Würstchen im Schlafrock, Gemüsepfanne mit Fleisch, Rhabarbertorte mit Eis. Das Essen schmeckt ihm, er holt sich Nachschlag, wenn er kann, macht es zur Hauptmahlzeit. Abends, zu Hause (wenn seine Wohnung bei den Arkwrights jetzt sein Zuhause ist), macht er sich nicht die Mühe zu kochen, isst einfach Brot und Käse nebenher beim Schachspiel.

Unter seinen Kollegen ist auch ein Inder namens Ganapathy. Ganapathy kommt oft zu spät zur Arbeit; an manchen Tagen kommt er überhaupt nicht. Wenn er wirklich erscheint, wirkt er nicht besonders motiviert: er sitzt in seiner Kabine, hat die Füße auf dem Schreibtisch und träumt offenbar. Für seine Abwesenheit hat er nur die oberflächlichsten Entschuldigungen. (»Ich habe mich nicht wohl gefühlt.«) Trotzdem wird er nicht gerügt. Ganapathy, stellt sich heraus, ist eine besonders wertvolle Errungenschaft für International Computers. Er hat in Amerika studiert, hat einen amerikanischen Hochschulabschluss in Informatik.

Er und Ganapathy sind die beiden Ausländer in der Gruppe. Wenn das Wetter es gestattet, machen sie nach dem Mittagessen einen Spaziergang im Gelände, das zum

Haus gehört. Ganapathy äußert sich geringschätzig über International Computers und das ganze Atlas-Projekt. Dass er nach England zurückgekommen ist, war ein Fehler von ihm, sagt er. Die Engländer verstehen es nicht, im großen Maßstab zu planen. Er hätte in Amerika bleiben sollen. Wie ist das Leben so in Südafrika? Gäbe es Chancen für ihn in Südafrika?

Er redet es Ganapathy aus, Südafrika auszuprobieren. Südafrika ist sehr rückständig, sagt er ihm, dort gibt es keine Computer. Er sagt ihm nicht, dass Leute von draußen nicht willkommen sind, wenn es keine Weißen sind.

Eine Schlechtwetterperiode setzt ein, Tag für Tag Regen und stürmischer Wind. Ganapathy kommt überhaupt nicht zur Arbeit. Da sonst keiner nach dem Grund dafür fragt, nimmt er es auf sich nachzuforschen. Wie er selbst hat auch Ganapathy das Angebot, Hausbesitzer zu werden, ausgeschlagen. Er wohnt im dritten Stock eines Häuserblocks mit Sozialwohnungen. Lange rührt sich nichts, als er klopft. Dann öffnet Ganapathy die Tür. Er ist in Schlafanzug und Sandalen; aus der Wohnung dringt ein dampfig-warmer Luftschwall und Fäulnisgeruch. »Herein, herein!«, sagt Ganapathy. »Komm aus der Kälte!«

Im Wohnzimmer gibt es keine Möbel außer einem Fernsehgerät mit einem Sessel davor und zwei voll aufgedrehten elektrischen Heizgeräten. Hinter der Tür sind schwarze Müllsäcke gestapelt. Von ihnen stammt der üble Geruch. Bei geschlossener Tür ist der Gestank ziemlich ekelerregend. »Warum schaffst du die Müllsäcke nicht runter?«, fragt er. Ganapathy weicht aus. Er will auch nicht sagen, warum er nicht zur Arbeit gekommen ist. Ja, es sieht nicht so aus, als wolle er überhaupt reden.

Er fragt sich, ob Ganapathy ein Mädchen im Schlafzimmer hat, eins von hier, eine der kecken kleinen Stenotypistinnen oder Verkäuferinnen aus der Wohnsiedlung, die er im Bus sieht. Oder vielleicht tatsächlich ein indisches Mädchen. Vielleicht ist das die Erklärung für jegliches Fehlen von Ganapathy: bei ihm wohnt ein schönes indisches Mädchen, und er zieht es vor, sie zu lieben, wobei er Tantra praktiziert und den Orgasmus stundenlang hinauszögert, statt einen Maschinentext für Atlas zu schreiben.

Aber als er Anstalten macht zu gehen, schüttelt Ganapathy den Kopf. »Möchtest du ein Glas Wasser?«, bietet er an.

Ganapathy bietet ihm Leitungswasser an, weil ihm Tee und Kaffee ausgegangen sind. Er hat auch nichts mehr zu essen. Er kauft kein Essen, außer Bananen, weil er, wie sich herausstellt, nicht kocht – Kochen nicht mag, nicht weiß, wie man kocht. Die Müllsäcke enthalten zum größten Teil Bananenschalen. Davon lebt er: von Bananen, Schokolade und, wenn er welchen hat, von Tee. So möchte er selbst nicht leben. In Indien hat Ganapathy zu Hause gewohnt, und seine Mutter und seine Schwestern haben sich um ihn gekümmert. In Amerika, in Columbus, Ohio, hat er in einem Studentenwohnheim gewohnt, wo in regelmäßigen Abständen etwas zu essen auf den Tisch gestellt wurde. Wenn man zwischen den Mahlzeiten Hunger hatte, ging man und kaufte einen Hamburger. Es gab einen Hamburgerladen, der vierundzwanzig Stunden täglich geöffnet hatte, gleich neben dem Wohnheim. In Amerika war immer alles geöffnet, nicht wie in England. Er hätte nie nach England zurückkommen sollen, einem Land ohne Zukunft, wo nicht einmal die Heizung funktioniert.

Er fragt Ganapathy, ob er krank ist. Ganapathy wehrt seine Besorgnis ab: er hat den Bademantel an, weil ihm so wärmer ist, das ist alles. Aber er ist nicht überzeugt. Da er jetzt von den Bananen weiß, sieht er Ganapathy mit anderen Augen. Ganapathy ist dünn wie ein Sperling, er hat kein Gramm überflüssiges Fleisch auf den Rippen. Sein Gesicht ist hager. Wenn er nicht krank ist, dann ist er mindestens am Verhungern. Man bedenke: in Bracknell, im Herzen Englands, verhungert ein Mann, weil er nicht in der Lage ist, sich selbst zu ernähren.

Er lädt Ganapathy für den nächsten Tag zum Essen ein und gibt ihm genaue Anweisungen, wie er Major Arkwrights Haus findet. Dann geht er und sucht nach einem Laden, der samstagnachmittags geöffnet hat, und kauft, was er zu bieten hat: abgepacktes Brot, Aufschnitt, Feinfrosterbsen. Am Mittag des darauf folgenden Tages stellt er das Mahl hin und wartet. Ganapathy kommt nicht. Da Ganapathy kein Telefon hat, kann er nichts machen, es sei denn, er würde das Essen in Ganapathys Wohnung bringen.

Absurd, aber vielleicht möchte Ganapathy eben das: dass ihm sein Essen gebracht wird. Wie er selbst ist Ganapathy ein verzogener, kluger Junge. Wie er selbst ist Ganapathy vor seiner Mutter und dem erdrückend leichten Leben, das sie bietet, davongelaufen. Aber in Ganapathys Fall scheint das Davonlaufen seine ganze Kraft aufgebraucht zu haben. Jetzt wartet er darauf, dass man ihn rettet. Er möchte, dass seine Mutter oder jemand wie sie kommt und ihn rettet. Sonst wird er einfach dahinsiechen und sterben, in seiner Wohnung voller Müll.

International Computers sollten das erfahren. Man hat

Ganapathy eine Schlüsselaufgabe anvertraut, die Steuerung der Job-Scheduler-Routinen. Wenn Ganapathy ausfällt, wird das ganze Atlas-Projekt verzögert. Aber wie kann man International Computers beibringen, was Ganapathy fehlt? Wie kann ein Mensch in England verstehen, was Leute aus fernen Weltgegenden dazu bringt, auf einer feuchten, trostlosen Insel, die sie verabscheuen und mit der sie nichts verbindet, zu sterben?

Am darauf folgenden Tag ist Ganapathy wie gewöhnlich an seinem Schreibtisch. Für die nicht eingehaltene Verabredung bietet er kein Wort der Entschuldigung an. Zu Mittag in der Kantine ist er gut gelaunt, sogar aufgekratzt. Er hat sich an einer Tombola für einen Morris Mini beteiligt, sagt er. Er hat hundert Lose gekauft – was soll er sonst mit dem großen Gehalt machen, das ihm International Computers zahlt? Wenn er gewinnt, können sie zusammen mit dem Auto statt mit der Bahn nach Cambridge fahren, um ihr Programm zu testen. Oder sie können einen Tagesausflug nach London machen.

Gibt es bei der ganzen Sache etwas, was er nicht begriffen hat, eine indische Eigenart? Gehört Ganapathy einer Kaste an, deren Mitgliedern es verboten ist, am Tisch eines Weißen zu essen? Wenn das so ist, was macht er dann mit einem Teller Kabeljau und Pommes frites in der Kantine des Herrenhauses? Hätte die Einladung zum Essen förmlicher erfolgen und schriftlich bestätigt werden sollen? Hat ihm Ganapathy mit seinem Fernbleiben freundlicherweise die Verlegenheit ersparen wollen, einen Gast vor seiner Tür zu finden, den er aus einer momentanen Regung heraus eingeladen hat, aber nicht wirklich wünscht? Hat er vielleicht, als er Ganapathy einlud, irgendwie den Eindruck erweckt, dass er keine wirkliche, echte Einladung aussprechen, sondern bloß eine Geste machen wollte, und dass wahre Höflichkeit von Ganapathy verlangte, die Geste zu würdigen, ohne seinem Gastgeber die Umstände zu machen, ein Mahl bereiten zu müssen? Bedeutet das fiktive Mahl (Aufschnitt und gekochte Feinfrosterbsen mit Butter), das sie miteinander gegessen hätten, bei dem, was zwischen ihm und Ganapathy war, dasselbe wie Aufschnitt und gekochte Feinfrosterbsen, die wirklich angeboten und gegessen wurden? Ist zwischen Ganapathy und ihm alles wie vorher oder besser als vorher oder schlechter?

Ganapathy hat von Satyajit Ray gehört, er glaubt aber nicht, dass er einen seiner Filme gesehen hat. Nur ein winziger Teil des indischen Publikums sei an solchen Filmen interessiert, sagt er. Im Allgemeinen würden die Inder lieber amerikanische Filme sehen, sagt er. Indische Filme seien noch sehr primitiv.

Ganapathy ist der erste Inder, mit dem er mehr als flüchtig bekannt ist, wenn man das bekannt sein nennen kann – Schachspiele und Gespräche, bei denen England im Vergleich mit Amerika schlecht abschneidet, dazu der Überraschungsbesuch in Ganapathys Wohnung. Die Konversation würde bestimmt gewinnen, wenn Ganapathy ein Intellektueller wäre, statt nur klug zu sein. Es erstaunt ihn immer noch, dass Leute so klug sein können, wie sie es in der Computerbranche nun mal sind, und sich doch für nichts interessieren, was über Autos und Immobilienpreise hinausgeht. Er hatte geglaubt, darin drücke sich nur die berüchtigte Spießigkeit der englischen Mittelklasse aus, aber Ganapathy ist nicht besser.

Resultiert diese Gleichgültigkeit der Welt gegenüber daraus, dass man sich zu viel mit Maschinen beschäftigt, die den Anschein machen, sie könnten denken? Wie würde es ihm ergehen, wenn er eines Tages die Computerbranche verlassen und sich wieder in die kultivierte Gesellschaft einfügen müsste? Nachdem er seine besten Kräfte so lange für Spiele mit Maschinen genutzt hat, könnte er dann noch in einem Gespräch bestehen? Gäbe es etwas, was er aus dem jahrelangen Umgang mit Computern gewonnen hat? Würde er nicht wenigstens gelernt haben, logisch zu denken? Würde ihm Logik dann nicht zur zweiten Natur geworden sein?

Er würde es gern glauben, aber er kann nicht. Er hat ein für alle Mal keinen Respekt für irgendeine Version des Denkens, die in den Schaltkreisen eines Computers dargestellt werden kann. Je mehr er mit der Computerwissenschaft zu tun hat, desto ähnlicher scheint sie dem Schachspiel: eine eng umgrenzte kleine Welt, geordnet nach künstlichen Regeln, eine Welt, die Jungen mit einer bestimmten Veranlagung in ihren Bann zieht und sie halb verrückt macht, wie er halb verrückt ist, sodass die ganze Zeit, in der ihnen weisgemacht wird, sie bestimmten das Spiel, das Spiel in Wirklichkeit sie bestimmt.

Es ist eine Welt, der er entkommen kann – es ist noch nicht zu spät dafür. Andererseits kann er Frieden mit ihr schließen, wie es nach seiner Beobachtung die jungen Männer um ihn herum tun, einer nach dem anderen: sich für die Ehe, für ein Haus und ein Auto entscheiden, sich dafür entscheiden, was das Leben realistischerweise zu bieten hat, alle Kraft in die Arbeit stecken. Es verdrießt ihn, wenn er beobachtet, wie gut das Realitätsprinzip funktioniert, wie der Junge mit den Pickeln, angetrieben von der Einsamkeit, sich für das Mädchen mit dem faden Haar und den dicken Beinen entscheidet, wie jeder, egal wie unwahrscheinlich es schien, am Ende einen Partner findet. Ist das sein Problem, und ist es wirklich so einfach: dass er die ganze Zeit seinen Marktwert überschätzt und sich vorgegaukelt hat, er gehöre zu den Bildhauerinnen und Schauspielerinnen, wo er doch zu der Kindergärtnerin in der Wohnsiedlung oder der angehenden Leiterin des Schuhgeschäfts gehört?

Ehe: wer hätte gedacht, dass er, wie schwach auch immer, die Anziehungskraft der Ehe spüren würde! Er wird nicht nachgeben, noch nicht. Aber es ist eine Möglichkeit, mit der er an langen Winterabenden spielt, wenn er sein Brot mit Würstchen vor Major Arkwrights Gasofen isst und Radio hört, während der Regen im Hintergrund gegen die Scheiben prasselt.

Neunzehn

Es regnet. Er ist mit Ganapathy allein in der Kantine, und sie spielen Blitzschach auf Ganapathys Taschenspiel. Ganapathy schlägt ihn, wie gewöhnlich.

»Du solltest nach Amerika gehen«, sagt Ganapathy. »Du verschwendest deine Zeit hier. Wir verschwenden alle unsere Zeit.«

Er schüttelt den Kopf. »Das ist nicht realistisch«, antwortet er.

Er hat mehr als einmal daran gedacht, sich um einen Job in Amerika zu bewerben, und hat sich dagegen entschieden. Eine bedächtige Entscheidung, aber eine richtige. Als Programmierer ist er nicht besonders begabt. Seine Kollegen im Atlas-Team haben zwar keine höheren Universitätsabschlüsse, doch ihr Geist ist klarer als der seine, sie vermögen Computerprobleme schneller und schärfer zu erfassen, als er das jemals können wird. Bei Diskussionen kann er sich kaum behaupten; er muss immer so tun, als verstünde er, wenn er nicht wirklich versteht, und muss sich dann hinterher Klarheit verschaffen. Warum sollten Unternehmen in Amerika einen wie ihn haben wollen? Amerika ist nicht England. Amerika ist hart und gnadenlos – wenn er sich durch ein Wunder dort einen Job erschwindelte, würde man ihm bald auf die Schliche kommen. Außerdem hat er Allen Ginsberg gelesen, hat William Burroughs gelesen. Er weiß, was Amerika Künstlern antut: Es macht sie wahnsinnig, sperrt sie ein, jagt sie fort.

»Du könntest ein Stipendium an einer Universität bekommen«, sagt Ganapathy. »Ich hab eins bekommen, für dich wär das kein Problem.«

Er starrt ihn an. Ist Ganapathy wirklich so naiv? Da gibt es schließlich den Kalten Krieg. Amerika und Russland kämpfen um die Herzen und Hirne von Indern, Irakern, Nigerianern; Stipendien für Universitäten gehören zu den Anreizen, die sie bieten. Die Herzen und Hirne von Weißen interessieren sie nicht, und gewiss nicht die der wenigen versprengten Weißen in Afrika.

»Ich werde darüber nachdenken«, sagt er und wechselt das Thema. Er hat nicht die Absicht, darüber nachzudenken.

Auf einem Titelfoto des *Guardian* starrt ein vietnamesischer Soldat, der in einer Uniform nach amerikanischem Vorbild steckt, hilflos in ein Flammenmeer. *»Verwüstung durch Selbstmordattentäter in Südvietnam«*, lautet die Schlagzeile. Eine Gruppe von Vietcong-Pionieren hat sich gewaltsam einen Weg durch den Stacheldraht um den amerikanischen Luftstützpunkt in Pleiku gebahnt, vierundzwanzig Flugzeuge in die Luft gesprengt und die Benzintanks in Brand gesetzt. Sie haben die Aktion mit ihrem Leben bezahlt.

Ganapathy, der ihm die Zeitung zeigt, triumphiert; auch er hat das starke Gefühl, dass eine Ehrenrettung geschehen ist. Seit er in England angekommen ist, haben die britischen Zeitungen und die BBC ständig von militärischen Großtaten der Amerikaner berichtet, bei denen die Vietcong zu Tausenden getötet wurden, während die Amerikaner ungeschoren davonkamen. Wenn es überhaupt ein Wort der Kritik an Amerika gibt, dann nur ganz leise. Er bringt es kaum über sich, die Kriegsberichte zu lesen, so unerträglich findet er sie. Jetzt kann nicht geleugnet werden, dass die Vietcong darauf heroisch geantwortet haben.

Er hat mit Ganapathy nie über Vietnam gesprochen. Weil Ganapathy in Amerika studiert hat, war er davon ausgegangen, dass Ganapathy entweder die Amerikaner unterstützt oder dass ihm der Krieg gleichgültig ist, wie allen anderen bei International Computers auch. Jetzt sieht er plötzlich in seinem Lächeln, im Glitzern seiner Augen Ganapathys geheimes Gesicht. Trotz seiner Bewunderung für die amerikanische Effizienz und seiner Sehnsucht nach amerikanischen Hamburgern ist Ganapathy auf der Seite der Vietnamesen, weil sie seine asiatischen Brüder sind.

Das ist alles. Damit ist die Sache erledigt. Sie kommen beide nicht mehr auf den Krieg zurück. Aber er fragt sich mehr denn je, was Ganapathy hier im Herzen Englands macht, wieso er an einem Projekt arbeitet, das er nicht schätzt. Wäre er nicht besser aufgehoben in Asien, beim Kampf gegen die Amerikaner? Sollte er mit ihm darüber sprechen, ihm das sagen?

Und wie steht's mit ihm? Wenn Ganapathys Schicksal in Asien liegt, wo liegt dann seins? Würde der Vietcong seine Herkunft ignorieren und seine Dienste annehmen, wenn nicht als Soldat oder Selbstmordattentäter, dann als einfacher Lastenträger? Und wenn nicht, was ist mit den Freunden und Verbündeten der Vietcong, den Chinesen?

Er schreibt an die chinesische Botschaft in London. Da er vermutet, dass die Chinesen Computer nicht gebrauchen können, erwähnt er Programmieren nicht. Er sei bereit, nach China zu kommen und dort Englisch zu unterrichten, schreibt er, als Beitrag zum Weltkampf. Die Höhe des Gehalts spiele dabei keine Rolle für ihn.

Er schickt den Brief ab und wartet auf eine Antwort. In der Zwischenzeit kauft er *Chinesisch im Selbststudium* und beginnt damit, die fremden, durch die Zähne gepressten Laute des Mandarin zu üben.

Es vergeht Tag um Tag; von den Chinesen ist nichts zu hören. Hat der britische Geheimdienst seinen Brief abgefangen und vernichtet? Fangen sie alle Briefe an die Botschaft ab und vernichten sie? Wenn ja, was hat es dann für einen Sinn, den Chinesen eine Botschaft in London zu gestatten? Oder hat der Geheimdienst seinen abgefangenen Brief an das Innenministerium weitergeleitet – mit einer Notiz, die besagt, dass der Südafrikaner, der für International Computers in Bracknell arbeitet, kommunistische Neigungen zu erkennen gegeben hat? Wird er aus politischen Gründen seinen Job verlieren und des Landes verwiesen werden? Wenn das geschieht, wird er nichts dagegen unternehmen. Dann hat das Schicksal gesprochen; er ist bereit, das Wort des Schicksals zu akzeptieren.

Bei seinen Ausflügen nach London geht er immer noch ins Kino, aber sein Vergnügen wird immer mehr getrübt, weil seine Sehkraft nachlässt. Er muss in der ersten Reihe sitzen, damit er die Untertitel lesen kann, und selbst da muss er die Augen zusammenkneifen und sich anstrengen.

Er geht zum Augenarzt und kommt mit einer schwarzen Hornbrille wieder heraus. Im Spiegel sieht er Major Arkwrights komischem Eierkopf immer ähnlicher. Andererseits ist er überrascht, wenn er aus dem Fenster schaut und dabei einzelne Blätter an den Bäumen erkennen kann. Bäume sind für ihn, solange er denken kann, verschwommene grüne Flecken gewesen. Hätte er sein ganzes Leben lang eine Brille tragen sollen? Erklärt das, warum er so schlecht beim Cricket gewesen ist, warum der Ball immer wie aus dem Nichts heraus auf ihn zukam?

Am Ende sehen wir wie die Idealvorstellung von uns selbst aus, sagt Baudelaire. Das Gesicht, mit dem wir geboren wurden, wird allmählich vom ersehnten Gesicht überwältigt, dem Gesicht unserer heimlichen Träume. Ist das Gesicht im Spiegel das Gesicht seiner Träume, dieses lange, schwermütige Gesicht mit dem weichen, verletzlichen Mund und den nun blanken Augen hinter schützendem Brillenglas?

Den ersten Film, den er mit seiner neuen Brille sieht, ist Pasolinis *Das erste Evangelium – Matthäus*. Es ist ein verstörendes Erlebnis. Er hatte geglaubt, dass er nach fünf Jahren auf einer katholischen Schule für die christliche Botschaft nicht mehr empfänglich sei. Das stimmt nicht. Der blasse, knochige Jesus des Films, der vor den Berührungen anderer zurückweicht, der barfuß umhergeht und Prophezeiungen und Donnerwetter loslässt, ist auf eine Weise wirklich, wie das der Jesus vom blutenden Herzen nie war. Er stöhnt, als Nägel durch Jesu Hände getrieben werden; als das Grab leer gezeigt wird und der Engel den trauernden Frauen verkündet: »Er ist nicht hier, er ist auferstanden« und die *Missa Luba* ausbricht und das einfache Volk, die Krummen und die Lahmen, die Verachteten und Verworfenen herbeigelaufen und gehinkt kommen, die Gesichter strahlend vor Freude, um an der frohen Botschaft teilzuhaben, will sein eigenes Herz zerspringen; vor unbändiger Freude, die er nicht versteht, laufen ihm Tränen über die Wangen, Tränen, die er heimlich abwischen muss, ehe er wieder in die Welt hinauskann.

Im Fenster des Antiquariats in einer Seitenstraße der Charing Cross Road entdeckt er auf einer seiner Expeditionen in die Stadt ein kleines dickes Buch mit violettem Einband: *Watt*, von Samuel Beckett, erschienen bei Olympia Press. Olympia Press ist berüchtigt: von einem sicheren Zufluchtsort in Paris aus bringt der Verlag Pornographie in Englisch für Abonnenten in England und Amerika heraus. Aber als Nebengeschäft bringt er auch die gewagteren Schriften der Avantgarde heraus – Vladimir Nabokovs *Lolita* zum Beispiel. Es ist kaum wahrscheinlich, dass Samuel Beckett, der Autor von *Warten auf Godot* und *Endspiel*, Pornographie schreibt. Was für ein Buch ist dann *Watt*?

Er blättert es durch. Es ist in derselben kräftigen Serifeschrift gedruckt wie Pounds *Ausgewählte Gedichte*, einer Schrift, die sich für ihn mit Intimität und Gediegenheit verbindet. Er kauft das Buch und trägt es zu Major Arkwrights Haus. Von der ersten Seite an weiß er, dass er eine Entdeckung gemacht hat. Das Licht fällt durchs Fenster, und er sitzt auf Kissen gestützt im Bett und liest und liest.

Watt ist ganz anders als Becketts Stücke. Es gibt keine Auseinandersetzung, keinen Konflikt, nur den Fluss einer Stimme, die eine Geschichte erzählt, ein Fluss, der ständig von Zweifeln und Skrupeln kontrolliert wird und dessen Geschwindigkeit genau der Geschwindigkeit seines Geistes entspricht. *Watt* ist auch komisch, so komisch, dass er sich vor Lachen wälzt. Am Ende angekommen, fängt er wieder von vorn an.

Warum hat man ihm nicht gesagt, dass Beckett Romane geschrieben hat? Wie hatte er sich nur einbilden können, im Stil Fords schreiben zu wollen, wenn es die ganze Zeit Beckett gab? Bei Ford hatte es immer ein Element von Wichtigtuerei gegeben, das ihm missfallen hat, das er aber nicht eingestehen wollte, und das hatte etwas damit zu tun, wie bedeutungsvoll es für Ford war, wo im Westend die besten Autohandschuhe zu kaufen waren oder wie man einen Médoc von einem Beaune unterschied; wohingegen Beckett klassenlos ist oder außerhalb von Klassen steht, wie er es selbst gern von sich sagen würde.

Die Programme, die er schreibt, müssen auf dem Atlas-Computer in Cambridge getestet werden, und zwar nachts, wenn die Mathematiker schlafen, die sonst ein Vorrecht bei der Computernutzung haben. Also nimmt er alle zwei oder drei Wochen den Zug nach Cambridge und hat eine Tasche mit seinen Papieren und Lochstreifenrollen sowie Schlafanzug und Zahnbürste bei sich. In Cambridge wohnt er im Royal-Hotel, auf Kosten von International Computers. Von sechs Uhr abends bis sechs Uhr morgens arbeitet er am Atlas. Am frühen Morgen kehrt er ins Hotel zurück, frühstückt und geht ins Bett. Nachmittags hat er Freizeit und kann in der Stadt spazieren gehen oder sich vielleicht einen Film ansehen. Dann ist es Zeit, sich zur Nachtschicht wieder ins Mathematische Labor zu begeben, in das große, hangarähnliche Gebäude, das Atlas beherbergt.

Es ist eine Routine, die ihm außerordentlich angenehm ist. Er fährt gern mit der Bahn, er mag die Anonymität von Hotelzimmern, mag das üppige englische Frühstück mit Schinkenspeck und Eiern, Toast und Marmelade und Kaffee. Da er keinen Anzug zu tragen braucht, kann er sich problemlos unter die Studenten auf der Straße mischen, sogar als einer der ihren gelten. Und die ganze Nacht am Atlas-Computer zu arbeiten, allein, abgesehen vom Dienst habenden Ingenieur, zu beobachten, wie die Rolle mit dem Computercode, den er geschrieben hat, durch den Leser saust, zu beobachten, wie sich die Magnetbandteller zu drehen beginnen und die Lämpchen auf der Konsole auf *sein* Kommando aufleuchten, gibt ihm ein Gefühl der Macht, das kindisch ist, wie er weiß, das er aber, da ihn keiner beobachtet, ruhig genießen kann.

Manchmal muss er bis in die Morgenstunden im Mathematischen Labor bleiben, um sich mit den Angehörigen der Mathematischen Fakultät zu beraten. Denn alles wirklich Neue an der Atlas-Software kommt nicht von International Computers, sondern von einer Hand voll Mathematikern in Cambridge. Aus einer bestimmten Sicht ist er nur einer in einem Team professioneller Programmierer der Computerindustrie, das die Cambridger Mathematische Fakultät angeworben hat, um ihre Ideen umzusetzen, wie aus derselben Sicht International Computers eine Ingenieurgesellschaft ist, die von der Universität Manchester angeworben wurde, um einen Computer nach ihren Plänen zu bauen. Aus dieser Sicht ist er selbst nur ein von der Universität bezahlter Fachmann, kein Mitarbeiter, dem es zustünde, gleichberechtigt mit diesen brillanten jungen Wissenschaftlern zu sprechen.

Denn sie sind wirklich brillant. Manchmal schüttelt er ungläubig den Kopf über das, was geschieht. Hier ist er, ein unbedeutender Absolvent einer zweitrangigen Universität in den Kolonien, und man gestattet ihm, Männer mit Doktortiteln in Mathematik mit dem Vornamen anzureden, Männer, die ihn, wenn sie sich einmal zu einem Problem äußern, mit Schwindelgefühlen weit hinter sich lassen. Probleme, mit denen er einfallslos wochenlang gerungen hat, werden von ihnen im Handumdrehen gelöst. Nicht selten sehen sie hinter dem, was er für Probleme gehalten hat, die *wahren* Probleme, und sie tun dann ihm zuliebe so, als hätte auch er sie gesehen.

Leben diese Männer wirklich so ausschließlich in den höheren Gefilden der Computerlogik, dass sie nicht erkennen, wie dumm er ist? Oder sorgen sie – aus Gründen, die ihm verborgen bleiben, da er völlig bedeutungslos für sie sein muss – dankenswerterweise dafür, dass er in seiner Firma nicht das Gesicht verliert? Macht das die Zivilisation aus: eine stillschweigende Übereinkunft, dass keiner das Gesicht verlieren darf? Von Japan kann er das glauben; gilt das auch von England? Wie dem auch sei, es ist wahrhaft bewundernswert!

Er ist in Cambridge, in den Räumen einer altehrwürdigen Universität, mit den Großen auf Du und Du. Man hat ihm sogar einen Schlüssel zum Mathematischen Labor gegeben, einen Schlüssel für die Seitentür, damit er hinein- und hinauskann. Was könnte er mehr erhoffen? Aber er muss sich hüten, dass es ihm nicht zu Kopf steigt und er hochnäsig wird. Dass er hier ist, hat er nur seinem Glück zu verdanken und nichts anderem. Er hätte nie in

Cambridge studieren können, war nie gut genug, um ein Stipendium hier zu bekommen. Er muss sich weiter als Lohnarbeiter sehen: wenn er's nicht tut, wird er zum Hochstapler, so ähnlich wie Thomas Hardys Jude Fawley, umgeben von den verträumten Turmspitzen von Oxford, ein Hochstapler war. Eines Tages, schon bald, werden seine Aufgaben erledigt sein, er wird seinen Schlüssel abgeben müssen, seine Cambridge-Besuche werden ein Ende haben. Aber er will sie wenigstens genießen, solange er kann.

Zwanzig

Sein dritter Sommer in England beginnt. Er und die anderen Programmierer haben es sich zur Gewohnheit gemacht, auf dem Rasen hinter dem Herrenhaus mit einem Tennisball und einem alten Schlagholz, das sie in einer Besenkammer gefunden haben, Cricket zu spielen. Er hat seit dem Ende seiner Schulzeit nicht mehr Cricket gespielt. Damals entschloss er sich, es aufzugeben, weil Mannschaftssport nicht mit dem Leben eines Poeten und Intellektuellen vereinbar sei. Nun stellt er zu seiner Überraschung fest, wie viel Spaß er noch immer an dem Spiel hat. Er hat nicht nur Spaß daran, er kann es auch gut. Alle Schläge, die er als Kind so wenig erfolgreich trainierte, beherrscht er automatisch wieder, mit einer Leichtigkeit und Flüssigkeit, die neu ist, weil seine Arme stärker sind und weil es keinen Grund gibt, sich vor dem weichen Ball zu fürchten. Er ist besser, viel besser, als Schlagmann und auch als Werfer, als seine Mitspieler. Wie haben diese jungen Engländer ihre Schulzeit verbracht, fragt er sich. Muss er, einer aus den Kolonien, ihnen ihr eigenes Spiel beibringen?

Seine Leidenschaft für Schach nimmt ab, er fängt wieder an zu lesen. Obwohl die Bibliothek in Bracknell selbst winzig und unzulänglich ist, sind die Bibliothekarinnen bereit, jedes von ihm gewünschte Buch über den Grafschaftsverbund zu bestellen. Er beschäftigt sich mit der Geschichte der Logik und geht dabei seiner Intuition nach, dass Logik eine menschliche Erfindung ist und nicht unmittelbar zur Existenzgrundlage gehört, und daraus folgt (es gibt viele Zwischenschritte, aber die kann er später ausfüllen), dass Computer einfach Spielzeuge sind, erfunden von Jungen (angeführt von Charles Babbage) zur Unterhaltung für andere Jungen. Es gibt alternative Logiksysteme, ist er überzeugt (aber wie viele?), jedes genauso gut wie die Logik von *Entweder-oder*. Das Gefährliche an dem Spielzeug, mit dem er seinen Lebensunterhalt verdient, das Gefährliche, wodurch es mehr ist als nur Spielzeug, besteht darin, dass es *Entweder-oder*-Pfade in das Gehirn seiner Nutzer brennt und sie so unwiderruflich in seine binäre Logik einsperrt.

Er studiert Aristoteles, Petrus Ramus, Rudolf Carnap. Das meiste, was er liest, versteht er nicht, aber er ist ans Nichtverstehen gewöhnt. Im Moment sucht er nur nach dem historischen Augenblick, als die *Entweder-oder*-Variante gewählt und die *Und/oder*-Variante verworfen wurde.

Er hat seine Bücher und seine Projekte (die Dissertation über Ford, die jetzt bald abgeschlossen ist, seine Demontage der Logik) für die leeren Abende, Cricket am Mittag, und alle vierzehn Tage einen Aufenthalt im Royal Hotel mit dem Luxus von Nächten allein mit Atlas, dem respektgebietendsten Computer der Welt. Könnte ein Junggesellendasein, wenn es denn ein Junggesellendasein sein muss, besser sein?

Es gibt nur einen Schatten. Ein Jahr ist vergangen, seit er zum letzten Mal eine Gedichtzeile geschrieben hat. Was ist mit ihm geschehen? Stimmt es, dass die Kunst nur aus Unglück erwächst? Muss er wieder unglücklich sein, um zu schreiben? Gibt es nicht auch eine Poesie der Ekstase, sogar eine Poesie über Cricket in der Mittagspause als Form der Ekstase? Spielt es eine Rolle, wo die Poesie ihre Impulse hernimmt, wenn es nur Poesie ist?

Obwohl Atlas nicht als Computer zur Verarbeitung von Sprachtexten konstruiert wurde, lässt er ihn in den Stunden um Mitternacht Tausende von Versen im Stil Pablo Nerudas ausdrucken, wobei er als Lexikon eine Liste der kraftvollsten Wörter aus *The Heights of Macchu Picchu* (Die Höhen von Macchu Picchu) in der Übersetzung von Nathaniel Tarn benutzt. Er nimmt den dicken Papierstoß mit ins Royal-Hotel und brütet darüber. »The nostalgia of teapots« (Die Nostalgie der Teekessel). »The ardour of shutters« (Die Glut der Jalousien). »Furious horsemen« (Wütende Reiter). Wenn er momentan keine Poesie schreiben kann, die aus dem Herzen kommt, wenn sein Herz nicht in der richtigen Verfassung ist, um eigene Poesie zu schaffen, kann er da nicht wenigstens Pseudogedichte aus maschinell erzeugten Wendungen zusammenbauen und so, indem er den Schreibprozess mechanisiert, wieder schreiben lernen? Ist es fair, mechanische Hilfen fürs Schreiben in Anspruch zu nehmen – fair anderen Dichtern gegenüber, fair den toten Meistern gegenüber? Die Surrealisten schrieben Wörter auf Zettel, warfen sie in einen Hut und zogen dann willkürlich Wörter, um daraus Verse zu machen. William Burroughs zerschneidet bedruckte Seiten und arrangiert die Teile neu. Macht er nicht dasselbe? Oder verwandeln seine riesigen Ressourcen – welcher andere Dichter in England oder in der ganzen Welt hat eine Maschine dieser Größe zur Verfügung – Quantität in Qualität? Aber könnte man nicht einwenden, dass die Erfindung von Computern das Wesen der Kunst verändert hat, weil dadurch der Autor und die Verfassung seines Herzens bedeutungslos werden? Im dritten Programm hat er Musik aus den Tonstudios von Radio Köln gehört – aus elektronischem Pfeifen und Knistern, aus Straßenlärm, Bruchstücken alter Aufnahmen und Redefetzen zusammengeschweißte Musik. Ist es nicht an der Zeit, dass die Poesie mit der Musik gleichzieht?

Er schickt eine Auswahl seiner Neruda-Gedichte an einen Freund in Kapstadt, der sie in einer Zeitschrift, die er herausgibt, veröffentlicht. Ein Lokalblatt druckt eins der Computergedichte mit einem verächtlichen Kommentar ab. Für einen Tag oder zwei ist er daheim in Kapstadt berüchtigt als der Barbar, der Shakespeare durch eine Maschine ersetzen will.

Außer den Atlas-Computern in Cambridge und Manchester gibt es noch einen dritten Atlas. Er befindet sich im Atomwaffenforschungszentrum des Verteidigungsministeriums bei Aldermaston, nicht weit von Bracknell. Wenn die Software für den Atlas in Cambridge getestet und für gut befunden wurde, muss sie im Aldermaston-Computer installiert werden. Beauftragt damit sind die Programmierer, die sie entwickelt haben. Aber zuerst müssen diese Programmierer eine Sicherheitskontrolle durchlaufen. Jeder bekommt einen langen Fragebogen zum Ausfüllen, mit Fragen zu seiner Familie, seinem Werdegang, seinen bisherigen Tätigkeiten; jeder bekommt zu Hause Besuch von Männern, die sich als Polizeiangehörige vorstellen, aber wahrscheinlicher vom militärischen Geheimdienst sind.

Alle britischen Programmierer werden für unbedenklich erklärt und bekommen Ausweise mit ihrem Foto, die sie während der Besuche um den Hals tragen müssen. Nachdem sie sich am Eingang von Aldermaston gemeldet haben und zum Computergebäude eskortiert worden sind, können sie sich mehr oder weniger frei bewegen.

Für Ganapathy und ihn kommt jedoch eine solche Unbedenklichkeitsbescheinigung nicht in Frage, weil sie Ausländer sind oder, wie Ganapathy einschränkt, nichtamerikanische Ausländer. Am Eingangstor werden ihnen beiden deshalb persönliche Bewacher beigestellt, die sie überallhin begleiten, sie ständig überwachen und sich auf keine Unterhaltung einlassen. Wenn sie auf die Toilette gehen, stehen ihre Bewacher an der Kabinentür; wenn sie essen, stehen ihre Bewacher hinter ihnen. Sie dürfen mit anderen Angestellten von International Computers sprechen, aber mit niemandem sonst. Dass er in seiner IBM-Zeit mit Mr. Pomfret zu tun hatte und bei der Entwicklung des TSR-2-Bombers eine Rolle gespielt hat, wirkt im Nachhinein so belanglos, sogar komisch, dass sein Gewissen leicht zu beruhigen ist. Aldermaston hat da eine ganz andere Dimension. Alles in allem bringt er dort zehn Tage zu, verteilt über etliche Wochen. Als er fertig ist, funktionieren die Magnetbandroutinen genauso gut wie in Cambridge. Seine Aufgabe ist erledigt. Ohne Zweifel hätten auch andere die Routine installieren können, aber nicht so gut wie er, der sie entwickelt hat und in- und auswendig kennt. Andere hätten den Job machen können, aber andere haben es nicht getan. Obwohl er Argumente hätte liefern können, um sich herauszuhalten (er hätte zum Beispiel auf den unnatürlichen Umstand hinweisen können, dass er bei allen seinen Handlungen von einem Bewacher mit unbewegter Miene beobachtet wurde, und auf die Auswirkung, die das auf seine Gemütslage hatte), aber er lieferte solche Argumente nicht. Vielleicht brauchte man Mr. Pomfret nicht ernst zu nehmen, aber er kann nicht so tun, als sei Aldermaston ein Witz.

Einen Ort wie Aldermaston hatte er vorher noch nie gesehen. Die Atmosphäre hier ist völlig anders als die in Cambridge. Die Kabine, in der er arbeitet, ist wie jede andere Kabine samt ihrer Ausstattung billig, zweckorientiert und hässlich. Der ganze Stützpunkt mit seinen flachen, übers Gelände verstreuten Backsteinbauten ist hässlich mit der Hässlichkeit eines Ortes, der weiß, dass keiner ihn anschauen wird oder Interesse hat, ihn sich anzuschauen; vielleicht mit der Hässlichkeit eines Ortes, der weiß, dass er im Fall eines Krieges von der Erdoberfläche verschwinden wird.

Zweifellos gibt es hier kluge Leute, so klug wie die Mathematiker von Cambridge, oder beinahe so klug. Zweifellos sind einige der Männer, die er in den Fluren flüchtig zu sehen bekommt, Einsatzleiter, Forschungsoffiziere, Technische Offiziere mit Dienstgrad I, II und III, Leitende Technische Offiziere, Leute, mit denen er nicht reden darf, selbst Absolventen von Cambridge. Er hat die Routinen selbst geschrieben, die er installiert, aber die zugrunde liegende Planung wurde von Cambridge-Leuten geliefert, Leuten, denen es nicht verborgen geblieben sein konnte, dass der Computer in ihrem Mathematischen Labor eine unheimliche Schwester in Aldermaston hatte. Die Männer in Cambridge haben sich nicht weniger vorzuwerfen als er. Trotzdem, weil er durch dieses Tor gegangen ist und die Luft hier geatmet hat, hat er das Wettrüsten unterstützt, hat sich am Kalten Krieg beteiligt, und noch dazu auf der falschen Seite.

Prüfungen kommen anscheinend in dieser Zeit nicht mehr mit fairer Vorwarnung, wie das in seiner Schulzeit gewesen ist, ja, sie geben sich nicht einmal als Prüfungen zu erkennen. Aber in seinem Fall kann er schwerlich als Entschuldigung anführen, dass er unvorbereitet gewesen ist. Vom Augenblick an, als das Wort *Aldermaston* fiel, hat er gewusst, dass Aldermaston eine Prüfung sein würde und dass ihm eben das fehlen würde, was man brauchte, um zu bestehen. Mit seiner Arbeit in Aldermaston hat er sich für eine böse Sache hergegeben, und von einem gewissen Standpunkt aus hat er sich dadurch schuldiger gemacht als seine englischen Kollegen, die durch Verweigerung ihre Karriere viel ernsthafter gefährdet hätten als er – Gast auf Zeit und Außenstehender bei diesem Kampf zwischen Großbritannien und Amerika auf der einen Seite und Russland auf der anderen.

Erfahrung. Das ist das Wort, auf das er sich zurückziehen möchte, um sich vor sich selbst zu rechtfertigen. Der Künstler muss jede Erfahrung auskosten, von der edelsten bis zur erbärmlichsten. Wie es dem Künstler bestimmt ist, die höchste Schaffensfreude zu erfahren, so muss er auch bereit sein, alles auf sich zu nehmen, was am Leben elend, gemein, unrühmlich ist. Um der Erfahrung willen hat er London ertragen – die toten Tage von IBM, den eisigen Winter 1962, eine demütigende Affäre nach der anderen: alles Stationen im Leben eines Dichters, Prüfungen seiner Seele. Ähnlich kann Aldermaston – die verdammte Kabine, in der er arbeitet, mit den Plastikmöbeln und dem Blick auf einen Schornstein, der bewaffnete Mann hinter ihm – einfach als Erfahrung betrachtet werden, als eine weitere Etappe auf seiner Reise in die Tiefe.

Es ist eine Rechtfertigung, die ihn nicht einen Moment lang überzeugt. Es ist Sophisterei, weiter nichts, verachtenswerte Sophisterei. Und wenn er weiter behaupten will, er habe mit Astrid und ihrem Teddybär geschlafen, um moralische Verkommenheit kennen zu lernen, und nun mache er sich zu seiner Rechtfertigung selbst etwas vor, um intellektuelle Verkommenheit aus erster Hand kennen zu lernen, dann wird die Sophisterei nur umso verwerflicher. Es ist nicht zu rechtfertigen; und – um schonungslos ehrlich zu sein – es ist auch nicht zu rechtfertigen, dass es keine Rechtfertigung gibt. Und was die schonungslose Ehrlichkeit angeht, so ist das kein besonders schwieriges Kunststück. Im Gegenteil, es ist die einfachste Sache der Welt. Wie das Gift einer giftigen Kröte ihr selbst nicht schadet, so entwickelt man bald ein dickes Fell gegen seine eigene Ehrlichkeit. Nieder mit der Vernunft, nieder mit dem Gerede! Das Einzige, was zählt, ist, dass man recht handelt, ob aus guten oder schlechten Gründen oder ganz ohne Grund.

Herauszufinden, was rechtes Handeln ist, fällt nicht schwer. Er braucht nicht allzu lange nachzudenken, um zu wissen, was das Rechte ist. Er könnte, wenn er wollte, mit beinah unfehlbarer Genauigkeit recht handeln. Was ihn nachdenklich macht, ist die Frage, ob er ein Dichter bleiben könnte, wenn er stets recht handelt. Wenn er sich vorzustellen versucht, welche Art von Poesie herauskommen würde, wenn man immer und immer wieder recht handelt, sieht er nur vollständige Leere vor sich. Das

Rechte ist langweilig. Er steckt also in der Sackgasse: er wäre lieber schlecht als langweilig, achtet einen Menschen, der lieber schlecht als langweilig ist, nicht und achtet auch die Raffiniertheit nicht, mit der er dieses Dilemma ausdrücken kann.

Trotz Cricket und Büchern, trotz der stets fröhlichen Vögel im Apfelbaum unter seinem Fenster, die mit ihrem Gezwitscher den Sonnenaufgang begrüßen, sind für ihn die Wochenenden schwer zu ertragen, besonders die Sonntage. Er hat Angst vorm Aufwachen am Sonntagmorgen. Es gibt Rituale, die einem durch den Sonntag helfen, hauptsächlich das Besorgen der Zeitung, ihre Lektüre auf dem Sofa und das Ausschneiden der Schachaufgaben. Aber die Zeitung hilft einem nicht viel weiter als bis um elf; und das Lesen der Sonntagsbeilagen ist auch zu offenkundig eine Methode, die Zeit totzuschlagen.

Er schlägt die Zeit tot, er versucht den Sonntag totzuschlagen, damit der Montag eher kommt, und mit dem Montag die Erlösung durch Arbeit. Aber im weiteren Sinne ist die Arbeit auch eine Methode, die Zeit totzuschlagen. Alles, was er getan hat, seit er in Southampton an Land ging, ist ein Zeittotschlagen gewesen, während er darauf wartet, dass sein Schicksal eintrifft. Die Schicksalsgöttin würde nicht in Südafrika zu ihm kommen, sagte er sich; kommen würde sie (wie eine Braut!) nur in London oder Paris oder vielleicht Wien, weil sie nur in den großen Städten Europas wohnt. Fast zwei Jahre lang hat er in London gewartet und gelitten, und das Schicksal hat sich nicht gezeigt. Weil er nicht stark genug gewesen ist, um London zu ertragen, hat er jetzt einen Rückzug aufs Land gemacht, einen strategischen Rückzug. Ob das Schicksal auch Besuche auf dem Land macht, ist nicht sicher, selbst wenn es englisches Land ist und kaum eine Zugstunde von Waterloo Station entfernt.

Natürlich weiß er tief im Inneren, dass das Schicksal ihn nicht besuchen wird, wenn er es nicht herbeizwingt. Er muss sich hinsetzen und schreiben, das ist der einzige Weg. Aber er kann nicht mit Schreiben beginnen, ehe der rechte Augenblick da ist, und egal, wie sorgfältig er sich vorbereitet, den Tisch abwischt, die Lampe zurechtrückt, einen Rand auf der leeren Seite zieht, mit geschlossenen Augen dasitzt, seinen Geist frei macht – trotz all dieser Vorbereitungen wollen die Worte nicht zu ihm kommen. Genauer gesagt, kommen viele Worte, aber nicht die richtigen Worte, nicht der Satz, den er sofort an seinem Gewicht, seiner Gelassenheit und Ausgewogenheit als den erwählten erkennt.

Es hasst diese Konfrontation mit der leeren Seite, hasst sie so sehr, dass er ihr aus dem Weg zu gehen beginnt. Er kann die Schwere der Verzweiflung nicht ertragen, die sich am Ende jeder vergeblichen Sitzung auf ihn legt, wenn er feststellen muss, dass er wieder versagt hat. Besser, sich nicht immer und immer wieder auf diese Weise selbst zu verletzen. Vielleicht wird man dem Ruf, wenn er dann kommt, nicht mehr folgen können, vielleicht wird man zu schwach, zu elend.

Er ist sich wohl bewusst, dass sein Versagen als Schriftsteller und sein Versagen als Liebhaber so starke Parallelen aufweisen, dass sie ebenso gut ein und dasselbe sein könnten. Er ist der Mann, der Dichter, der Macher, das aktive Prinzip, und der Mann sollte eigentlich nicht auf die Annäherung der Frau warten. Im Gegenteil, die Frau sollte auf den Mann warten. Die Frau ist diejenige, die schläft, bis sie vom Prinzen wachgeküsst wird; die Frau ist die Knospe, die sich unter den Liebkosungen der Sonnenstrahlen öffnet. Wenn er sich nicht zwingt zu handeln, wird nichts geschehen, in der Liebe oder in der Kunst. Aber er traut dem Willen nicht. Wie er sich nicht zum Schreiben zwingen kann, sondern auf die Hilfe irgendeiner äußeren Kraft warten muss, einer Kraft, die man einmal die Muse nannte, so kann er sich nicht einfach dazu zwingen, sich einer Frau zu nähern ohne irgendein Zeichen (woher? – von ihr? aus seinem Inneren? von oben?), dass sie sein Schicksal ist. Wenn er sich einer Frau in einem anderen Geist nähert, kommt es dabei zu einer Verstrickung, wie die erbärmliche mit Astrid, eine Verstrickung, aus der er sich zu befreien suchte, fast schon bevor sie begann.

Man kann dasselbe auch auf andere und brutalere Art sagen. Tatsächlich gibt es Hunderte von Arten: er könnte den Rest seines Lebens damit zubringen, sie aufzuzählen. Aber die brutalste Art ist, zu sagen, dass er Angst hat: Angst vorm Schreiben, Angst vor den Frauen. Soll er ruhig das Gesicht verziehen, wenn er die Gedichte in *Ambit* und *Agenda* liest, aber sie sind wenigstens da, gedruckt, in der Welt. Woher weiß er, dass ihre Verfasser sich nicht genau wie er jahrelang voller Skrupel vor der leeren Seite gequält haben? Sie haben sich gequält, aber dann haben sie sich schließlich zusammengerissen und, so gut sie konnten, geschrieben, was geschrieben werden musste, und es auf den Postweg gebracht und die Demütigung der Ablehnung ertragen oder die gleich große Demütigung, ihre Ergüsse in kaltem Druck, in all ihrer Armut zu sehen. Gleichermaßen hätten diese Männer bestimmt eine Ausrede gefunden, wie fadenscheinig sie auch sein mochte, um dies oder jenes hübsche Mädchen in der U-Bahn anzusprechen, und wenn sie den Kopf wegwandte oder eine ärgerliche Bemerkung in Italienisch zu einem Freund machte, nun, dann hätten sie die Abweisung irgendwie schweigend ertragen, und am nächsten Tag hätten sie es bei einem anderen Mädchen wieder versucht. So macht man das, so geht es auf der Welt zu. Und eines Tages würden diese Männer, diese Dichter, diese Liebhaber dann Glück haben: das Mädchen, ganz gleich, wie wunderschön es war, würde ihnen antworten, und eins würde dann zum anderen führen, und ihr Leben wäre verwandelt, ihrer beider Leben, so weit, so gut. Was braucht es mehr als so etwas wie einfältige, unempfindliche Beharrlichkeit, als Liebhaber, als Schriftsteller, dazu die Bereitschaft, zu scheitern und wieder zu scheitern?

Was ist los mit ihm, dass er nicht bereit ist zu scheitern? Er will ein A oder ein Alpha oder einhundert Prozent für jeden seiner Versuche, und ein großes *Ausgezeichnet!* am Rand. Lächerlich! Kindisch! Man muss es ihm nicht sagen: er sieht es selbst. Trotzdem. Trotzdem kann er es nicht. Heute nicht. Vielleicht morgen. Vielleicht wird er morgen in der Stimmung sein, den Mut dazu haben.

Wenn er ein wärmerer Mensch wäre, würde er alles bestimmt leichter finden: das Leben, die Liebe, das Dichten. Aber Wärme liegt nicht in seiner Natur. Dichtung entsteht auch nicht aus Wärme. Rimbaud war kein warmer Mensch. Baudelaire war kein warmer Mensch. Heiß, in der Tat, ja, wenn es nötig war – heiß im Leben, heiß in der Liebe –, aber nicht warm. Auch er kann heiß sein, er hat nicht aufgehört, das zu glauben. Aber zurzeit, auf unbestimmte Zeit, ist er kalt: kalt, erstarrt.

Und was ist das Ergebnis dieses Mangels an Wärme, dieses Mangels an Herz? Das Ergebnis ist, dass er an einem Sonntagnachmittag allein in einem Zimmer im Obergeschoss eines Hauses im tiefsten Berkshire sitzt – die Krähen krächzen auf den Feldern, und ein grauer Nebel hängt über dem Land, er spielt Schach mit sich selbst, wird alt, wartet darauf, dass es Abend wird, damit er guten Gewissens seine Würstchen braten und zum Abendbrot essen kann. Mit achtzehn hätte er ein Dichter sein können. Jetzt ist er kein Dichter, kein Schriftsteller, kein Künstler. Er ist Programmierer, ein vierundzwanzigjähriger Programmierer in einer Welt, in der es keine dreißigjährigen Programmierer gibt. Mit dreißig ist man zu alt zum Programmieren: man wird dann etwas anderes – irgendein Geschäftsmann –, oder man erschießt sich. Nur weil er jung ist, weil die Neuronen in seinem Gehirn noch mehr oder weniger zuverlässig funktionieren, hat er einen Fuß in der Tür der britischen Computerindustrie, der britischen Gesellschaft, Großbritanniens selbst. Er und Ganapathy sind die zwei Seiten einer Münze: Ganapathy verhungert nicht etwa, weil er von Mutter Indien getrennt ist, sondern weil er nicht ordentlich isst, weil er trotz seines Magisters in Informatik nichts von Vitaminen und Mineralien und Aminosäuren weiß; und er ist gefangen in einem immer schwächer werdenden Endspiel, bei dem er sich mit jedem Zug immer mehr in eine aussichtslose Lage manövriert und der Niederlage nähert. Demnächst werden Sanitäter vor Ganapathys Wohnung erscheinen und ihn mit einem Laken überm Gesicht auf einer Bahre heraustragen. Wenn sie Ganapathy abgeholt haben, können sie ihn auch gleich holen.

Anmerkungen

Seite 55 PAC – Pan-African Congress, radikaler Flügel des ANC, der sich 1959 abspaltete

Seite 84 Zitat aus T. S. Eliots Aufsatz »Tradition und individuelle Begabung« (1919) in der Übersetzung von Hans Hennecke

Seite 133 »ein toter Albatros um seinen Hals« – Anspielung auf Samuel Taylor Coleridges Gedicht »The Ancient Mariner« (Die Ballade vom alten Seemann). Der tote Albatros, der dem Seemann um den Hals gehängt wird, ist Symbol für Schuld und daraus erwachsendes Unglück.

Seite 171 *aia* oder *ayah* – britisch-indisches Wort für Kindermädchen

Seite 172 *Agenbyte of inwit* – »Gewissensbisse«: Titel einer anonymen mittelenglischen Predigtsammlung

Seite 181 Rydal Mount – Name des Hauses im Lake District, in dem der Dichter William Wordsworth von 1813 bis zu seinem Tod wohnte.

Seite 203 *Missa Luba* – Die Luba sind ein Bantustamm in Zaire/Kongo. Belgische Missionare schufen aus dem lateinischen Text und afrikanischer Musik eine sehr lebendige, attraktive Version der Messe, die unter dem Titel »Missa Luba« aufgezeichnet wurde.